KB201605

상처받지 않는 비결

김열방 김사라 국순희
노재인 이은영 지음

"이 책을 읽으면 당신도
더 이상 상처받지 않게 될 것이다."

날개미디어

당신의 트라우마를 담당하신 예수님

당신은 지금 상처 때문에 힘들어하지 않습니까?

나도 많은 상처가 있었지만 지금은 완전히 치료받았습니다.

상처를 다른 말로는 '트라우마'(Trauma, 외부에서 일어난 충격적인 사건 때문에 생긴 마음의 상처)라고 합니다. 한 때의 안 좋았던 사건에 대한 나쁜 기억 때문에 그와 비슷한 일이 생기면 다시 정신적 충격, 두려움과 불안을 겪게 되는데 이를 두고 "나는 그 일에 대해 트라우마가 있어"라고 말합니다.

그런 상처에 매이면 당신의 오장육부가 시들고 뼈가 녹아내리고 피가 바싹바싹 마릅니다. 얼굴에는 짙은 그림자가 물듭니다. 놀랍게도 그런 상처를 준 사람은 자신의 잘못을 모르고 싱글벙글 웃으면 잘 산다는 것입니다. 누구든지 처음부터 원수가 아닌 다음에야 알고 일부러 상처 주지는 않을 것입니다.

대부분의 상처는 모르고 줍니다.

"그 사람 나이가 몇 살인데 그걸 몰라요?"

100세가 되고 박사, 교수가 되어도 모를 수 있습니다.

"백발이 무성할지라도 알지 못하는도다."(호 7:9)

상처는 준 사람보다 받은 사람에게 더 큰 문제를 일으킵니다.

그러므로 상처받은 사람이 최대한 빨리 해결해야 합니다.

나도 어린 시절부터 지금까지 하나 둘 상처를 받으면서 마음에 큰 고통을 겪었고 그런 상처에 매여 악몽을 꾼 적도 있습니다. 물론 지금은 그 모든 상처로부터 자유와 해방을 얻었습니다. 그리고 더 이상 상처받지 않습니다. 그 비결이 무엇일까요?

예수님이 십자가에서 나의 모든 상처를 담당하셨다는 것을 깨달은 것입니다. 이사야 선지자는 "그가 찔림은 우리의 허물 때문이요 그가 상함은 우리의 죄악 때문이라. 그가 징계를 받으므로 우리는 평화를 누리고 그가 채찍에 맞으므로 우리는 나음을 받았도다"(사 53:5)라고 말했습니다. 이 얼마나 놀라운 말씀입니까?

첫째, 예수님이 찔린 것은 우리의 허물 때문입니다.

둘째, 예수님이 상하신 것은 우리의 죄악 때문입니다.

우리의 마음이 찔리는 것은 다른 사람들의 허물 때문입니다.

우리의 마음이 상하는 것은 다른 사람들의 죄악 때문입니다.

그렇게 찔리고 상하므로 우리의 마음에 트라우마가 생깁니다.

그 트라우마를 예수님이 십자가에서 다 짊어지셨다는 사실을 알고 믿어야 합니다. 또한 예수님이 찔리고 상하신 것은 '나만의 허물과 죄악 때문'이 아닙니다. '우리의 허물과 죄악 때문'입니다.

상처를 준 사람이나 상처를 받은 사람이나 "우리의 모든 상처를 예수님이 십자가에서 짊어지셨다"는 사실을 깨닫고 믿어야 합니다. 당신은 사람들에게 어떤 찔림을 당했습니까?

가시입니까? 대못입니까? 창입니까?

예수님이 그 모든 상처를 십자가에서 담당하셨습니다.

"이에 빌라도가 예수를 데려다가 채찍질하더라. 군인들이 가시나무로 관을 엮어 그의 머리에 씌우고 자색 옷을 입히고 앞에 가서 이르되 '유대인의 왕이여, 평안할지어다' 하며 손으로 때리더라. 빌라도가 다시 밖에 나가 말하되 '보라, 이 사람을 데리고 너희에게 나오나니 이는 내가 그에게서 아무 죄도 찾지 못한 것을 너희로 알게 하려 함이로라' 하더라."(요 19:1~4)

예수님이 당신 대신 채찍질을 당했습니다.
예수님이 당신 대신 머리에 가시나무 관을 쓰셨습니다.
예수님이 당신 대신 조롱과 놀림과 침 뱉음을 당하셨습니다.
예수님이 당신 대신 손으로 뺨을 맞았습니다.

아무 죄가 없는 하나님의 아들 예수님이 양손과 양발이 가시못에 찔렸고 머리에 가시나무 관을 쓰셨습니다. 옆구리에는 가시창에 찔렸습니다. 온몸이 가시 채찍에 맞으셨습니다. 이 모든 것은 우리의 죄악과 허물을 담당하기 위함이었습니다. 예수님이 우리 대신 찔리셨고 상하시므로 우리의 모든 상처는 갈보리 언덕 예수님의 십자가로 옮겨졌습니다. 우리는 상처가 없습니다.

"너는 상처받았어. 죽을 때까지 그 상처를 안고 살아야 해."

그런 사탄의 거짓말에 속지 말고 이렇게 말하십시오.

"아니야, 예수님이 나의 모든 상처를 담당하셨어. 내겐 상처가 하나도 없어. 나의 상처는 십자가로 다 옮겨졌어. 나는 내게 상처 준 사람들을 모두 용서했어. 내 마음은 평화와 행복이 가득해."

그렇습니다. 당신은 그리스도 안에서 자유를 얻었습니다.

상처가 없는 사람은 빛 가운데 거하며 하나님과의 사귐이 있고 형제와의 사귐이 있습니다. 당신은 이 책을 통해 빛 가운데 거하게 될 것입니다. 평생 상처 없이 행복한 삶을 살게 될 것입니다.

당신에게는 상처가 하나도 없습니다. 빛만 가득합니다.

천국같이 살다가 천국으로 갑시다.

당신을 축복합니다.

2019년 2월 10일

김 열 방

[목차]

"그가 찔림은 우리의 허물 때문이요
그가 상함은 우리의 죄악 때문이라."
(이사야 53:5)

"But he was pierced for our transgressions
he was crushed for our iniquities."
(Isaiah 53:5)

예수님이 내 대신 상처를 받으셨다

당신은 무엇 때문에 상처받았는가?

당신은 어떤 문제로 상처받고 있습니까?

나는 예전에 상처를 쉽게 받았고 많이 받았습니다.

그런 내가 지금은 어떤 일이 있어도 상처받지 않습니다.

하루는 내가 신학교 홈페이지에 "나는 행복하다"는 글을 올렸는데 그걸 보고 다들 벌떼처럼 달려들어 악성 댓글을 달았습니다.

그때 올린 글은 '그리스도인의 행복'에 대한 글이었습니다.

"당신은 지금 무엇 때문에 행복합니까? 나는 내 안에 계신 그리스도로 인해 말할 수 없이 행복합니다. 김치 하나만 놓고 밥을 먹어도 행복합니다. 습기 찬 지하 방에 살아도 행복합니다. 차비가 없어 걸어 다녀도 행복합니다. 복음을 전하다가 박해 받아도 행복합니다. 등록금이 없어 학교를 못 다녀도 행복합니다. 네 명의 자녀를 키우면서 힘들어도 행복합니다. 내 안에 예수님이 살아 계시기 때문입니다."

하지만 하나같이 나를 보고 잘나가니까 행복한 거라며 비방했습니다. 그들이 익명으로 나를 향해 어떤 댓글을 달았을까요?

"당신은 돈이 많고 배가 불러 행복한 것이다. 나는 그렇지 않다. 당신은 책을 써내고 유명해졌기 때문에 행복한 것이다. 나는 그렇지 않다. 당신은 좋은 집에 사니까 행복한 것이다. 나는 그렇지 않다. 당신은 아름다운 여인과 결혼했기 때문에 행복한 것이다. 나는 그렇지 않다. 당신은 자녀를 많이 낳았기 때문에 행복한 것이다. 나는 그렇지 않다. 당신은 교회를 개척해서 목회를 잘하고 있기 때문에 행복한 것이다. 나는 그렇지 않다."

그들은 나와 비교하며 자신이 불행한 이유를 조목조목 들며 나를 비방하는 댓글을 달았습니다. 나는 결국 그 글을 내려야 했습니다. 그리고 다시는 내가 행복하다는 내용의 글을 올리지 않겠다고 마음먹었습니다. 그러면 어떻게 했을까요?

내가 쓴 책에 그런 내용을 거침없이 다 담았습니다. 내가 쓴 책을 돈 주고 사서 읽은 독자들은 내용이 너무 좋다며 다들 폭발적으로 열광했고 여러 권 또는 묶음으로 내 책을 사곤 했습니다. 어떤 목사님은 50권, 100권씩 사서 교인들에게 선물했고 또 한 목사님은 1000권을 사서 다른 목사님들에게 발송하기도 했습니다.

내가 쓴 '책'은 나만의 공간입니다. 내 책이라는 무대에서는 내가 주인공입니다. 그러니 내가 행복하다는 이야기를 아무리 많이 써도 다들 좋아했고 그 비결을 꼭 배우겠다며 책을 샀습니다.

당신도 책을 써내십시오. 그 책에 당신의 행복을 담으십시오.

전단지가 아닌 책을 통해 전도하고 선교하고 상담하십시오. 당신의 삶과 깨달음을 담은 '책 분신'을 많이 만들어 그 책이 당신 대신 전국과 세계를 돌아다니며 마음껏 복음을 전하게 하십시오.

나는 이제 공개된 인터넷 사이트에서는 행복하다는 말을 하지 않고 내가 운영하는 비공개 홈페이지에서만 행복을 표현합니다. 그래도 잔이 넘칩니다. 당신도 믿음으로 살며 행복하다고 말하면 주위 사람들이 자기 기준으로 헐뜯고 비난한다는 것을 예상해야 합니다. 그럴 때 상처받지 않는 비결을 알고 있어야 합니다.

이런 일은 수천 년 전에도 있었습니다. 골리앗을 치겠다는 어린 다윗에게 형이 화를 내며 이렇게 말한 것입니다. "큰형 엘리압이 다윗이 사람들에게 하는 말을 들은지라. 그가 다윗에게 노를 발하여 이르되, 네가 어찌하여 이리로 내려왔느냐? 들에 있는 양들을 누구에게 맡겼느냐? 나는 네 교만과 네 마음의 완악함을 아노니 네가 전쟁을 구경하러 왔도다."(삼상 17:28)

믿음으로 가득한 다윗, 자신감에 넘치는 다윗이 그들의 눈엔 교만하게 보였던 것입니다. 멀리 있는 적인 골리앗의 고함 소리보다 가장 가까이 있는 형들의 비방하는 소리가 다윗의 가슴을 더 아프게 했을 것입니다. 하지만 다윗은 상처받지 않았습니다.

다윗은 앞으로 달려가 골리앗을 넘어뜨렸습니다.

다윗이 상처받지 않았던 비결이 무엇일까요?

하나님만 의식하며 담대하게 행동했기 때문입니다.

"사랑하는 자들아, 만일 우리 마음이 우리를 책망할 것이 없으면 하나님 앞에서 담대함을 얻는다. 그러므로 너희 담대함을 버리지 말라. 이것이 큰 상을 얻게 한다."(요일 3:21, 히 10:35)

나는 상처받는 인생을 졸업했다

당신은 누구에게 상처받습니까?

혹시 교회에서 예배하는 동안에도 계속 상처받지 않습니까?

나는 성령님과 함께 설교하는 목사입니다. 그런 내가 설교하는 내내 '성도들이 이 설교를 듣고 상처받지 말아야 할 텐데' 하고 고민한 적이 정말 많았습니다. 나는 내가 의도한 대로 설교하는 것이 아니라 성령님이 이끄시는 대로 설교합니다. 그런데도 성도들은 어떻게든 상처받는 것 같았습니다. 내가 좋은 말을 해도 상처받고 안 좋은 말을 해도 상처받는 것 같았습니다.

지금은 성도들이 '예수님이 십자가에서 다 이룬 복음'으로 인해 변화되어 내가 좋은 말을 해도 상처받지 않고 안 좋은 말을 해도 상처받지 않습니다. 모든 성도들이 상처 인생을 졸업했습니다.

오늘날 왜 수많은 성도들은 끝도 없이 상처받고 손가락으로 툭 건드리기만 해도 뼹 하고 뒤로 넘어지는 걸까요? 왜 그렇게 약한 걸까요? 상처에 대한 하나님의 은혜의 복음을 몰라서 그렇습니다. "예수님이 내 대신 십자가에서 상처를 다 짊어지셨다"는 복음을 깨달으면 그날로부터 '상처받는 인생'을 졸업하게 됩니다.

나도 끝도 없이 상처받는 사람이었습니다. 인터넷에 댓글을 올려도 상처받고 댓글을 내려도 상처받았습니다. 사람을 만나도 상처받고 헤어져도 상처받았습니다. 요리하면서도 상처받고 음식을 먹으면서도 상처받았습니다. 돈을 내고도 상처받고 돈을 받고도 상처받았습니다. 일어나도 앉아도 상처받고 걷고 뛰어도 상처받았습니다. 칭찬을 들어도 상처받고 욕을 먹어도 상처받았습니다.

하지만 지금은 복음을 깨닫고 완전히 달라졌습니다.

나는 어떠한 경우에도 상처받지 않습니다. 인터넷에 댓글을 올려도 상처받지 않고 댓글을 내려도 상처받지 않습니다. 사람을 만나도 상처받지 않고 헤어져도 상처받지 않습니다. 요리하면서도 상처받지 않고 음식을 먹으면서도 상처받지 않습니다. 돈을 받고도 상처받지 않고 돈을 주고도 상처받지 않습니다. 일어나고 앉아도 상처받지 않고 걷고 뛰어도 상처받지 않습니다. 칭찬을 들어도 상처받지 않고 욕을 먹어도 상처받지 않습니다.

상처받는 인생을 완전히 졸업한 것입니다. 악성 댓글이 수천 개가 달려도 '그런가 보다' 하고 더 이상 상처받지 않습니다. 사람들이 이유 없이 나를 비난해도 '괜찮아' 하고 지나갑니다. 왜 그럴까요? 내가 상처받지 않는 비결을 배웠기 때문입니다.

그 비결이 무엇일까요? 당신도 깨달아야 합니다.

첫째는, 내가 받아야 할 상처를 예수님이 다 받았기 때문에 나는 상처받지 않습니다. 둘째는, 내가 그리스도 안에 있으므로 더 이상 상처받지 않는다는 믿음이 있기 때문에 상처받지 않습니다.

당신도 이 두 가지에 대한 믿음을 가지십시오. 그러면 더 이상 상처받지 않게 됩니다. 상처받지 않으면 '사귐'이 회복됩니다.

상처를 받으면 마음이 답답해지고 어두워집니다.

그러면 얼굴에서 빛이 사라지고 사귐이 끊어집니다.

"그가 빛 가운데 계신 것 같이 우리도 빛 가운데 행하면 우리가 서로 사귐이 있고 그 아들 예수의 피가 우리를 모든 죄에서 깨끗하게 하실 것이요."(요일 1:7)

우리가 빛 가운데 행하려면 마음에 상처가 없어야 합니다.

상처가 있는 사람은 얼굴에 어두움이 가득해집니다.

그러면 얼마 안가 그동안 좋았던 모든 사귐이 다 끊어집니다.

상처받았다는 사람들은 스스로 뭔가에 단단히 삐져 있습니다.

"나는 하나님께 상처받았어. 그분께 섭섭한 것이 많아"라며 하나님과의 사귐이 끊어지고 한동안 교회를 안 나옵니다. "나는 목사님에게 상처받았어. 다른 교인에게 상처받았어"라며 교회와의 사귐이 끊어지고 원수처럼 여깁니다. 하나님과 목사님, 성도들이 자기 기준에 맞지 않다는 것입니다. 사귐이 끊어지면 자기만 손해입니다. 하나님과의 사귐이 끊어지면 그분께로부터 받는 모든 공급하심이 끊어집니다. 목사님과의 사귐이 끊어지면 목자 잃은 떠돌이 양이 됩니다. 성도들과의 사귐이 끊어지면 혼자 숨어 다니며 은밀한 죄를 짓게 됩니다.

모든 사람은 상처를 다룰 줄 알아야 합니다. 어떻게요?

상처를 없애는 비결, 상처를 받지 않는 비결은 "예수님이 나의 모든 상처를 십자가에서 내 대신 다 받으셨다"는 것을 믿는데 있습니다. 나는 이것을 깨달은 이후로 상처받지 않게 되었습니다.

사람들은 여전히 자기 멋대로 말하고 행동하며 상처를 줍니다. 하지만 나는 상처받지 않습니다. 왜 그럴까요? 그들이 내게 거친 말을 하고 비웃어도 나는 '괜찮아, 이 모든 상처가 예수님께로 옮겨졌어. 나와는 상관없어'라고 생각하기 때문입니다.

내 모든 상처가 예수님께로 옮겨졌습니다.

와, 이런 복음이 어디 있습니까? 성경은 말씀합니다.

"그가 찔림은 우리의 허물 때문이요 그가 상함은 우리의 죄악 때문이라."(사 53:5)

예수님이 내 대신 찔리셨고 내 대신 상처받으셨습니다.

그러므로 나는 찔리지 않고 상처받지 않습니다.

세상에서 가장 귀한 소식은 예수님의 대속의 은혜입니다.

이사야 선지자는 성령에 감동되어 크게 외쳤습니다.

"우리가 전한 것을 누가 믿었느냐? 여호와의 팔이 누구에게 나타났느냐? 그는 주 앞에서 자라나기를 연한 순 같고 마른 땅에서 나온 뿌리 같아서 고운 모양도 없고 풍채도 없은즉 우리가 보기에 흠모할 만한 아름다운 것이 없도다. 그는 멸시를 받아 사람들에게 버림받았으며 간고를 많이 겪었으며 질고를 아는 자라. 마치 사람들이 그에게서 얼굴을 가리는 것 같이 멸시를 당하였고 우리도 그를 귀히 여기지 아니하였도다. 그는 실로 우리의 질고를 지고 우리의 슬픔을 당하였거늘 우리는 생각하기를 그는 징벌을 받아 하나님께 맞으며 고난을 당한다 하였노라. 그가 찔림은 우리의 허물 때문이요 그가 상함은 우리의 죄악 때문이라. 그가 징계를 받으므로 우리는 평화를 누리고 그가 채찍에 맞으므로 우리는 나음을 받았도다."(사 53:1~5)

여기서 우리는 귀한 깨달음을 얻을 수 있습니다.

예수님도 상처받기 쉬운 분이셨다

첫째, 예수님도 상처받기 쉬운 연약한 분이셨습니다.

"우리가 전한 것을 누가 믿었느냐? 여호와의 팔이 누구에게 나타났느냐? 그는 주 앞에서 자라나기를 연한 순 같고 마른 땅에서 나온 뿌리 같아서 고운 모양도 없고 풍채도 없은즉 우리가 보기에 흠모할 만한 아름다운 것이 없도다."(사 53:1~2)

예수님은 연한 순처럼, 마른 땅에서 나온 줄기처럼 주 앞에서 자랐습니다. 그분에게는 풍채나 위엄이 없고 우리의 시선을 끌 만한 매력이나 아름다움도 없었습니다. 그런 분에게 하나님의 능력이 함께 했던 것입니다. 당신도 사람들이 볼 때 아무 볼품없을지라도 하나님의 능력이 함께하면 위대한 인생을 살게 됩니다.

나도 지금까지 내 스스로 어떤 일을 한 것이 아닙니다. 나는 어린 아이같이 미련하고 연약하지만 하나님의 능력이 나와 함께했기 때문에 남다른 큰일을 감당할 수 있었습니다. 사람들은 나를 인간적으로 판단하며 원래 잘난 사람인 양 오해하고 욕하는데 나는 공부는 꼴찌였고 운동도 못했고 말도 더듬었습니다. 그런 내게 하나님의 능력이 임하자 많은 재능이 나타났습니다.

나는 그렇게 하나님의 능력으로 많은 일을 하면서도 마음은 쉽게 상처받곤 했습니다. 사탄이 상처라는 화살을 통해 내 마음을 자꾸 공격했던 것입니다. 하지만 이제 나는 상처받지 않습니다.

상처를 다룰 줄 아는 지혜와 능력을 하나님께로부터 받았기 때문입니다. 이제 나는 믿음의 방패를 갖고 있습니다. 의의 흉배를 붙이고 있습니다. 구원의 투구를 쓰고 있습니다. 진리의 허리띠를 띠고 있습니다. 평안의 예비한 것으로 신을 신고 있습니다. 성령의 검 곧 하나님의 말씀을 손에 들고 있습니다.

이제 나는 그리스도 안에서 강한 용사가 되었습니다. 하루에 억만 가지 상처를 받던 내가 이제는 달라졌습니다. 억만 가지 상처가 날아오면 다 받아서 예수님의 십자가로 날려 버립니다.

나는 이렇게 말합니다. "예수님이 내 대신 억만 가지 상처를 다 받으셨으므로 나는 이제 상처받지 않습니다. 상처가 없습니다."

예수님이 당신 대신 멸시를 받으셨다

둘째, 예수님이 당신 대신 멸시를 받으셨습니다.

"그는 멸시를 받아……."(사 53:3)

주위 사람들에게 멸시를 받으면 상처를 받습니다. 당신은 언제 멸시를 받고 상처받았습니까? 이제 그 상처를 십자가로 보내십시오. 당신 대신 예수님이 멸시를 다 받았으므로 당신이 받는 멸시는 당신의 것이 아닙니다. 당신은 그리스도 안에서 죽었습니다.

당신은 그리스도 안에 있고 그리스도 안에 감추인 바 되었습니다. 그러므로 당신이 남편이나 아내, 부모나 자녀, 친척이나 친구, 직상 동료들로부터 멸시를 받는 경험을 했을지라도 그것은 당신의 경험이 아닙니다. 그리스도의 경험입니다. 당신을 덮고 계신 그리스도, 당신을 감싸고 계신 그리스도가 받으신 것입니다.

예수님이 당신 대신 버림받으셨다

셋째, 예수님이 당신 대신 버림받으셨습니다.

"그는 사람들에게 버림받았으며……."(사 53:3)

너 나 할 것 없이 사람들에게 버림받으면 큰 상처를 입습니다.

하지만 이제는 더 이상 사람들에게 버림받았다고 상처 입을 필요 없습니다. 예수님이 당신 대신 버림받았기 때문입니다.

사람들에게 버림받을까 봐 두려워하거나 눈치 볼 필요도 없습니다. 예수님이 당신 대신 버림받았기 때문입니다. 비록 사람들이 자기 기준에 맞지 않는다고 당신을 버릴지라도 괜찮습니다. 어떤 경우에도 당신이 하나님께는 버림받지 않기 때문입니다.

육체를 버리는 사람을 두려워하지 말고 육체와 영혼을 모두 버리는 하나님을 두려워하십시오. 그런 하나님은 당신이 아무리 힘든 일을 겪어도 결코 당신을 버리지 않겠다고 약속하셨습니다.

"돈을 사랑하지 말고 있는 바를 족한 줄로 알라. 그가 친히 말씀하시기를 '내가 결코 너희를 버리지 아니하고 너희를 떠나지 아니하리라' 하셨느니라."(히 13:5)

예수님이 당신 대신 간고를 겪으셨다

넷째, 예수님이 당신 대신 간고를 많이 겪으셨습니다.

"그는 간고를 많이 겪었으며……."(사 53:5)

간고(艱苦)는 '정신적으로나 물질적으로 몹시 어렵고 힘든 상황에 처하여 엄청난 고생과 고통을 겪는 것'을 말합니다.

예수님은 33년간 이 땅에 살 동안 그런 고통을 겪은 적이 없습니다. 예수님은 부요하신 분이었습니다. 그런 분이 십자가에 매달리실 때 벌거벗겨지고 온갖 조롱과 놀림, 욕을 받으며 엄청난 고통을 겪으셨습니다. 당신이 당해야 할 모든 고통을 예수님이 다 받으셨습니다. 그러므로 당신은 더 이상 고통을 겪지 않습니다. 사람들의 말과 행동으로 인해 상처받고 고통을 겪고 있다고 느낀다면 지금 당장 그 모든 상처와 고통을 예수님의 십자가로 던지십시오. 이렇게 말하면서 기도하면 됩니다.

"사랑하는 예수님, 제 모든 상처와 고통은 2천 년 전에 이미 예수님의 십자가에서 다 해결된 것입니다. 그러므로 저는 더 이상 고통 받거나 상처받지 않습니다. 제가 부활하신 그리스도 안에 거하고 있기 때문입니다. 저를 고통과 상처에서 해방시켜 주셔서 감사합니다. 저는 그리스도 안에서 자유와 행복을 누립니다."

예수님이 당신 대신 질병의 고통을 겪으셨다

다섯째, 예수님은 질병으로 인한 고통을 대신 지셨습니다.

"그는 질고를 아는 자라."(사 53:5)

예수님은 십자가에 매달리실 때 병으로 인한 고통을 겪으셨습니다. 어떤 번역에서는 "그는 언제나 병을 앓고 있었다"고 되어 있는데 그것은 잘못된 번역입니다. 예수님은 33년간 병을 앓으신 적이 없습니다. 단지 십자가에 매달리실 때만 채찍에 맞음으로 우리의 질고를 담당하셨던 것입니다. "그러므로 우리도 언제나 병을 앓으며 살아야 한다"고 가르치는 교사가 있습니다. 결코 그렇지 않습니다. 예수님은 우리 대신 우리의 모든 병을 담당하신 것이었고, 우리가 건강하게 사는 것이 하나님의 뜻이기 때문에 예수님은 공생애 기간 동안 수많은 병자를 고치셨던 것입니다.

예수님은 말씀으로 귀신들을 쫓아내시고 병든 자들을 '다' 고치셨습니다. "저물매 사람들이 귀신 들린 자를 많이 데리고 예수께 오거늘 예수께서 말씀으로 귀신들을 쫓아내시고 병든 자들을 다 고치시니 이는 선지자 이사야를 통하여 하신 말씀에 '우리의 연약한 것을 친히 담당하시고 병을 짊어지셨도다' 함을 이루려 하심이더라."(마 8:16~17)

예수님이 당신 대신 멸시를 당하셨다

여섯째, 예수님이 당신 대신 멸시를 당하셨습니다.

"그는 마치 사람들이 그에게서 얼굴을 가리는 것 같이 멸시를

당하였고 우리도 그를 귀히 여기지 아니하였도다."(사 53:5)

당신은 사람들에게 멸시를 당한 적이 없습니까?

나는 복음을 전하다가 멸시를 당한 적이 있습니다.

한 청년이 부흥회에서 내 설교를 듣고 화를 내며 말했습니다.

"김열방 목사님이 전하는 복음을 도무지 이해하지도 못하겠고 받아들일 수도 없습니다. 저는 장로 아들인데 모태 신앙으로 지금까지 20년 동안 죄짓고 목마르고 병들고 가난하고 어리석고 징계 받고 죽음의 두려움 가운데 사는 것이 당연하다고 배웠습니다. 그런데 김열방 목사님은 우리가 그리스도 안에서 의롭고 성령 충만하고 건강하고 부요하고 평화를 누리고 생명을 얻었다고 말씀하시니 제 마음에서 분노가 일어납니다. 더 이상 받아들일 수 없으니 오늘 부로 설교하지 말고 당장 이곳을 떠나십시오."

그는 모든 방법을 동원해 나를 몰아냈습니다.

담임 목사님에게 항의도 하고 아버지를 격동해 장로회를 열어 내가 설교를 못하게 만들었습니다. 뭐 그래도 괜찮습니다.

예수님도 그랬으니까요. "회당에 있는 자들이 이것을 듣고 다 크게 화가 나서 일어나 동네 밖으로 쫓아내어 그 동네가 건설된 산 낭떠러지까지 끌고 가서 밀쳐 떨어뜨리고자 하되 예수께서 그들 가운데로 지나서 가시니라."(눅 4:28~30)

나는 상처받지 않았습니다. 복음을 전하면서 박해를 받을 수 있지만 상처받을 필요는 없기 때문입니다. 내가 받아야 할 상처는 예수님이 이미 다 받으셨기 때문에 나는 상처받지 않았습니다.

당신이 예수님이 다 이루었다는 온전한 복음을 전할 때 불신자들은 그 복음을 듣고 기뻐하고 받아들일 것입니다. 하지만 율법 주의자들은 화를 내고 맹세하고 당신을 죽이려고 할 것입니다.

"날이 새매 유대인들이 당을 지어 맹세하되 바울을 죽이기 전에는 먹지도 아니하고 마시지도 아니하겠다 하고……."(행 23:12)

유대인들 중에서는 바울을 죽이기 전에는 먹지도 않고 마시지도 않기로 맹세한 자가 사십여 명이나 되었고 그들은 바울을 죽이려고 길에서 숨어 기다리고 있었습니다. 당신도 이런 일을 겪을 수 있습니다. 어쩜 그렇게 악할까요? 그들은 맹세까지 하면서 절대로 바울이 복음을 전하지 못하게 막으려고 한 것입니다.

당신도 그런 일을 당할 수 있습니다. 그래도 괜찮습니다. 그들은 당신을 박해하는 것이 아니라 '그리스도 안에 있는 당신'을 박해하고 있는 것입니다. 다시 말해 그렇게 전도자를 박해하는 것은 그리스도를 박해하는 것과 같습니다. 바울도 복음을 몰랐을 때는 복음 전도자들을 죽이고 교회를 심하게 박해했습니다.

당신이 복음을 전할 때 사람들은 당신을 위협합니다.

하지만 육체를 위협하는 사람을 두려워할 필요가 없습니다.

"그러므로 내가 너희에게 선지자들과 지혜 있는 자들과 서기관들을 보내매 너희가 그 중에서 더러는 죽이거나 십자가에 못 박고 그 중에서 더러는 너희 회당에서 채찍질하고 이 동네에서 저 동네로 따라다니며 박해하리라. 몸은 죽여도 영혼은 능히 죽이지 못하는 자들을 두려워하지 말고 오직 몸과 영혼을 능히 지옥에 멸하실 수 있는 이를 두려워하라."(마 23:34, 눅 12:4~5)

예수님은 실제로 당신의 질병을 담당하셨다

일곱째, 예수님은 실제로 당신의 질병을 담당하셨습니다.

"그는 실로 우리의 질고를 지고……."(사 53:4)

당신은 질병으로 인해 고통당한 적이 없습니까? 괜찮습니다.

그럴 수도 있으니까요. 하지만 상처받을 필요는 없습니다.

질병의 고통을 겪는 사람들이 더 괴로운 것은 자신과 주위 사람들의 정죄와 책망 때문입니다. "네가 뭔가 잘못했기 때문에 하나님이 깨달음을 얻으라고 너를 치신 거야"라고 한마디씩 합니다. 그런 말을 들으면 상처받을 수도 있습니다. 그런 말을 안 해도 이미 몸이 아파 마음도 약해져 있는 상태인데, 툭 건드리면 눈물이 왈칵 쏟아질 것만 같은데, 왜 그렇게 한마디씩 찌르는 걸까요?

당신은 질고를 겪는 자에게 그런 말을 하지 말기 바랍니다.

그냥 단순하게 복음만 전하면 됩니다. "예수님이 채찍에 맞음으로 다 나았습니다. 건강합니다"라고만 말해 주면 됩니다. 당신이 질고를 겪고 있다면 마음까지 상처받지는 말기 바랍니다.

예수님이 당신의 모든 질고를 담당하셨기 때문에 담대하게 병 낫기를 위해 기도하고 그렇게 기도하고 구한 것은 받았다고 믿으면 됩니다. "그러므로 너희 죄를 서로 고백하며 병이 낫기를 위하여 서로 기도하라. 의인의 간구는 역사하는 힘이 큼이니라."(약 5:16) 당신은 그리스도 안에서 의인입니다. 당신의 모든 죄는 예수님이 십자가에서 담당하셨습니다. 의인의 간구는 역사하는 힘이 큽니다. 하나님은 어떻게든 당신의 병을 치료하실 것입니다.

병으로 고통당하는 동안 상처받지 마십시오. 가족들이나 친구들, 또는 병문안 온 사람들이 당신에게 안 좋은 말을 하더라도 상처받지 마십시오. 당신이 받아야 할 상처는 예수님이 다 받았기 때문입니다. 오직 믿음으로 병 낫기만을 위해 기도하십시오.

욥기 42장에 나오는 이야기를 자세히 읽어보십시오.

욥은 한순간에 모든 재산을 잃고 큰 병에 걸려 말할 수 없는 고통에 시달리게 되었습니다. 그런 그를 더 힘들게 한 것은 아내의 호통 치는 소리와 친구들의 끝도 없는 비판이었습니다. 하지만 욥은 그 모든 것을 하나님께 쏟아 놓았고 상처받지 않았습니다.

욥은 자기를 비난하며 공격했던 친구들을 축복했습니다.

하나님은 욥의 세 친구에게 욥을 그만 괴롭히라고 하셨습니다.

"그런즉 너희는 수소 일곱과 숫양 일곱을 가지고 내 종 욥에게 가서 너희를 위하여 번제를 드리라. 내 종 욥이 너희를 위하여 기도할 것인즉 내가 그를 기쁘게 받으리니 너희가 우매한 만큼 너희에게 갚지 아니하리라. 이는 너희가 나를 가리켜 말한 것이 내 종 욥의 말 같이 옳지 못함이라. 이에 데만 사람 엘리바스와 수아 사람 빌닷과 나아마 사람 소발이 가서 여호와께서 자기들에게 명령하신 대로 행하니라. 여호와께서 욥을 기쁘게 받으셨더라."

하나님은 욥을 기쁘게 받으셨고 욥이 그의 친구들을 위하여 기도하는 중에 하나님이 욥의 모든 곤경을 돌이키셨습니다.

"욥이 그의 친구들을 위하여 기도할 때 여호와께서 욥의 곤경을 돌이키시고……"

하나님께서 욥에게 이전 모든 소유보다 갑절이나 주셨습니다.

"여호와께서 욥에게 이전 모든 소유보다 갑절이나 주신지라."

욥은 이전에 알던 모든 사람들과의 사귐을 회복했습니다.

"이에 그의 모든 형제와 자매와 이전에 알던 이들이 다 와서 그의 집에서 그와 함께 음식을 먹고 여호와께서 그에게 내리신 모든 재앙에 관하여 그를 위하여 슬퍼하며 위로하고 각각 케쉬타 하나씩과 금 고리 하나씩을 주었더라."

욥은 잃었던 모든 재산과 자녀에 대해 갑절로 받았습니다.

"여호와께서 욥의 말년에 욥에게 처음보다 더 복을 주시니 그가 양 만 사천과 낙타 육천과 소 천 겨리와 암나귀 천을 두었고 또 아들 일곱과 딸 셋을 두었으며 그가 첫째 딸은 여미마라 이름하였고 둘째 딸은 긋시아라 이름하였고 셋째 딸은 게렌합북이라 이름하였으니 모든 땅에서 욥의 딸들처럼 아리따운 여자가 없었더라. 그들의 아버지가 그들에게 그들의 오라비들처럼 기업을 주었더라."

욥은 하나님을 경외하며 건강하게 장수했습니다.

"그 후에 욥이 백사십 년을 살며 아들과 손자 사 대를 보았고 욥이 늙어 나이가 차서 죽었더라."(욥 42:1~17)

당신도 병으로 고통당하면 욥 같은 신랄한 비난을 들을 수 있습니다. 괜찮습니다. 그래도 마음에는 상처받지 말기 바랍니다.

당신 대신 십자가에서 상처받으신 예수님을 바라보십시오.

예수님이 당신 대신 모든 슬픔을 담당하셨다

여덟째, 예수님이 당신의 모든 슬픔을 담당하셨습니다.

"그는 우리의 슬픔을 당하였거늘 우리는 생각하기를 그는 징벌을 받아 하나님께 맞으며 고난을 당한다 하였노라."(사 53:4)

당신이 슬픔을 당할 때 가장 고통스러운 것은 주위 사람들의 생각입니다. 그들이 당신에게 "네가 징벌을 받아서 하나님께 맞으며 고난을 당한다"고 말하기 때문입니다. 그래도 괜찮습니다. 예수님도 그런 말을 들으셨으니까요. 하지만 상처받지는 마십시오.

당신은 어떤 경우에도 사람들의 말에 상처받을 권한이 없습니다. 그런 권한을 예수님이 다 가져가셨기 때문입니다. 한 사람이 차비를 내거나 식사비를 모두 냈으면 그 뒤에 따라가는 사람은 돈을 낼 권한이 사라지게 됩니다. 더 이상의 의무도 없습니다.

하나님의 아들 예수 그리스도가 십자가에 달려 법적으로 당신의 모든 상처를 다 받으셨습니다. 상처받을 권한을 다 가져가셨습니다. 그러므로 당신은 더 이상 그런 권한이 없습니다.

"나에게는 상처받을 권한이 없구나. 상처는 나와 상관없다."

하나님은 당신이 상처받지 않기를 원하십니다. 상처를 받으면 마음에 원한이 쌓입니다. 억울한 마음이 자리 잡습니다. 그러면 사귐이 끊어지고 모든 사람과 원수가 됩니다. 이를 뿌드득뿌드득 갈며 잠을 못 자게 됩니다. 뼈가 녹아내리고 오장육부가 썩게 됩니다. 당신이 슬픔에 빠져 있을 때 귀신이 가장 많이 역사합니다.

이것이 심하게 슬퍼하는 중에 귀신들리는 사람이 많은 이유입니다. 슬퍼하지 마십시오. 예수님이 당신의 모든 슬픔을 담당하셨기 때문입니다. 사람들의 비난에 대해 상처받지 마십시오. 그들은 당신에 대해 아무것도 모릅니다. 당신을 아시는 분은 오직 하나님 한 분뿐이십니다. 하나님만 바라보면서 모든 일을 믿음으로 이겨내십시오. 이렇게 믿고 말하십시오.

"내 슬픔과 상처는 모두 예수님이 십자가에 다 가져가셨어. 그러므로 나는 슬픈 일을 당했지만 슬픔에 빠지지 않고 비난을 받았지만 상처받지 않아. 나는 성령님의 인도하심을 받고 있어. 나는 하나님께 징계를 받는 것이 아니야. 내가 받아야 할 징계를 예수님이 다 받으셨어. 나는 징계를 받지 않고 평화를 누린다."

예수님이 당신 대신 가시에 찔리셨다

아홉째, 예수님이 당신 대신 가시에 찔리셨습니다.

예수님은 양손과 양발에 대못이 박혀 찔리셨습니다. 그분의 온몸은 채찍에 맞음으로 채찍에 달린 쇳조각과 뼛조각에 찔리셨습니다. 머리는 가시면류관에 찔리셨고 뜨거운 피를 흘리셨습니다.

"그가 찔림은 우리의 허물 때문이요."(사 53:5)

그러므로 당신과 다른 사람의 허물 때문에 상처받지 마십시오.

상처는 허물 때문에 생기는 것입니다. 그 모든 허물을 예수님의 보혈로 씻으십시오. 예수 이름으로 다 용서하십시오. 너그러운 마음을 가지십시오. "사람들이 아무리 상처 주는 말을 해도 나는 상처받지 않아. 내가 받아야 할 상처를 예수님이 다 받았어."

허물은 '잘못, 실수'를 말합니다. 세상에 허물없는 사람은 없습니다. 잘해도 허물이 생기고 못해도 허물이 생깁니다. 예수님은 당신과 그 사람의 허물을 모두 담당하셨습니다. 그러므로 다른 사람의 허물도 용서하고 당신의 허물도 용서하십시오. 허물이 없는 완벽한 인생을 살 수는 없습니다. 예수님은 허물 곧 잘못이나 실수가 없었습니다. 하지만 유대인들은 그분의 말과 행동이 모두 허물처럼 느껴졌고 그분의 존재만으로도 큰 상처를 받았습니다.

허물없는 분이 당신과 나의 허물, 인류의 모든 허물을 담당하셨습니다. 그분이 못에 찔리고 나무에 달리신 것입니다. 그 이유는 허물 때문에 상처받지 말라는 것입니다. 당신의 허물이나 다른 사람의 허물 때문에 더 이상 괴로워하지 마십시오.

"그때 내가 그 사람에게 뭘 잘못 하지 않았나? 내가 모르는 허물이 있는 것만 같아. 좀 더 잘할 걸. 괴로워서 미치겠네."

좀 더 잘해도 허물이 생깁니다. 못해도 허물이 생깁니다. 완벽해도 허물이 생깁니다. 부족해도 허물이 생깁니다. 넘쳐도 허물이 생깁니다. 허물 때문에 상처받는 사람은 끝도 없이 상처받습니다. 당신도, 다른 사람도 허물 때문에 더 이상 괴로워하지 마십시오. 허물이 있다고 느껴질 때마다 그리스도의 십자가를 바라보십시오. 거기에 당신의 허물이 다 옮겨졌습니다.

"예수님이 나의 허물을 십자가에 다 가져가셨어. 나는 더 이상 허물 때문에 상처받지 않아. 나의 상처는 나무에 매달려 있어."

예수님이 상하신 것은 당신의 죄악 때문이다

열째, 예수님이 상하신 것은 당신의 죄악 때문입니다.

"그가 상함은 우리의 죄악 때문이라."(사 53:5)

예수님은 상함을 당해야 하는 분이 아니었습니다. 그분은 하나님 아버지께 있어 외아들이었습니다. 인간의 몸을 입고 이 땅에 와서 어린 시절을 보내고 성인으로 성장하는 동안에도 요셉과 마리아에게 사랑받는 아들이었습니다. "나도 내 아버지에게 아들이 었으며 내 어머니 보기에 유약한 외아들이었노라."(잠 4:3)

예수님이 요단강에서 세례 받고 물에서 올라오실 때 하늘에서 음성이 들렸습니다. "예수께서 세례를 받으시고 곧 물에서 올라오실 새 하늘이 열리고 하나님의 성령이 비둘기 같이 내려 자기 위에 임하심을 보시더니 하늘로부터 소리가 있어 말씀하시되 '이는 내 사랑하는 아들이요 내 기뻐하는 자라' 하시니라."(마 3:16~17)

이 말씀은 다음과 같은 뜻이 있습니다.

"이는 내가 많이 좋아하는 아들이다. 내 마음에 쏙 드는 아들이다. 내가 정말 사랑하고 기뻐하는 내 아들이다."

그런 예수님이 십자가에서 죽으실 때 사람들에게 맞아 얼굴이 상하고 온몸이 상했습니다. 그의 얼굴은 알아볼 수 없을 정도로 일그러졌습니다. 그의 마음도 시커멓게 멍들고 가루처럼 깨어졌습니다. 하나님의 아들 예수님은 상처투성이가 되었습니다. 예수님이 그렇게 상하신 것은 우리의 죄악 때문이었습니다.

우리의 죄악이 예수님께로 모두 옮겨졌고 우리의 상처도 예수님께로 다 옮겨졌습니다. 예수를 구주로 믿는 우리는 더 이상 죄악과 상처가 없습니다. 깨끗한 사람이 되었습니다.

"나의 죄악이 예수님께로 옮겨졌고 나의 상처도 옮겨졌다."

예수님이 징계를 받았으므로 당신은 평화를 누리게 되었다

열한째, 예수님이 징계를 받으므로 우리는 평화를 누리게 되었습니다. "그가 징계를 받으므로 우리는 평화를 누리고 그가 채찍에 맞으므로 우리는 나음을 받았도다"(사 53:5)라고 했습니다.

당신은 더 이상 징계 받지 않습니다. 예수님이 당신이 받아야 할 모든 징계를 다 받았기 때문입니다. "징계가 없으면 사생아라고 하지 않았나요?" 그렇습니다. 하지만 그 형벌 받는 징계와는 다른 징계입니다. 권면과 가르침, 코칭의 징계를 말합니다.

다음의 성경 구절을 자세히 읽어보십시오. "내 아들아, '여호와의 징계'를 경히 여기지 말라. '그 꾸지람'을 싫어하지 말라. 대저 여호와께서 그 사랑하시는 자를 징계하시기를 마치 아비가 그 기뻐하는 아들을 징계함 같이 하시느니라."(잠 3:11~12)

여호와의 징계는 그 꾸지람을 의미합니다. 암이나 중풍, 심장 마비로 치는 것이 아닙니다. 지진이나 화재나 교통사고나 부도로 치는 것이 아닙니다. 어떤 아비도 자식에게 그런 징계를 하지 않습니다. 아비가 그 기뻐하는 아들을 징계할 때는 자상한 목소리로 설명하며 꾸짖습니다. 감정적으로 마구 화를 내지 않습니다.

히브리서 12장에서 말하는 징계도 같은 의미입니다.

'아들에게 권하는 것, 권면하신 말씀'이 곧 징계인 것입니다.

"또 아들들에게 권하는 것 같이 너희에게 '권면하신 말씀'도 잊었도다. 일렀으되 내 아들아 '주의 징계하심'을 경히 여기지 말며 그에게 '꾸지람'을 받을 때에 낙심하지 말라."(히 12:5~14)

사람들은 각기 자기 기준과 다르다고 상처받는다

열둘째, 사람들은 각기 자기 기준과 다르다고 상처받고 떠납니다. "우리는 다 양 같아서 그릇 행하여 각기 제 길로 갔거늘 여호와께서는 우리 모두의 죄악을 그에게 담당시키셨도다."(사 53:6)

그러나 하나님은 우리 모두의 죄악을 예수님에게 담당시키셨습니다. 하나님은 우리가 쉽게 상처받는 것이 이해하십니다. 하지만 우리가 계속 상처받은 채로 머물러 있는 것은 사탄에게 자신의 감정을 미끼로 내어 주는 것과 같기 때문에 하나님이 기뻐하지 않으십니다. 하나님은 당신이 상처에서 해방되기를 원하십니다.

상처를 잘 받는 사람은 마귀에게 이용당하기 쉽습니다.

가인은 하나님께 제사하면서 마음에 큰 상처를 받았습니다. 그리고 즉시 마귀의 종이 되어 미운 감정이 가득한 가운데 동생 아벨을 돌로 쳐 죽였습니다. 처음으로 살인한 자가 된 것입니다.

"마귀는 처음부터 살인한 자요."(요 8:44)

마음에 상처를 받으면 이성을 잃고 감정에 사로잡히게 되고 그 순간 마귀가 틈타는 문을 활짝 열어 주게 됩니다.

마귀의 지배를 받으면 마음에 미운과 분노가 가득해집니다.

가인이 왜 상처를 받았습니까? 하나님이 아벨의 제사를 받으시고 가인의 제사를 받지 않으셨기 때문입니다.

"아담이 그의 아내 하와와 동침하매 하와가 임신하여 가인을 낳고 이르되 '내가 여호와로 말미암아 득남하였다' 하니라. 그가 또 가인의 아우 아벨을 낳았는데 아벨은 양 치는 자였고 가인은 농사하는 자였더라. 세월이 지난 후에 가인은 땅의 소산으로 제물을 삼아 여호와께 드렸고 아벨은 자기도 양의 첫 새끼와 그 기름으로 드렸더니 여호와께서 아벨과 그의 제물은 받으셨으나 가인과 그의 제물은 받지 아니하신지라. 가인이 몹시 분하여 안색이 변하니 여호와께서 가인에게 이르시되 '네가 분하여 함은 어찌 됨이며 안색이 변함은 어찌 됨이냐? 네가 선을 행하면 어찌 낯을 들지 못하겠느냐? 선을 행하지 아니하면 죄가 문에 엎드려 있느니라. 죄가 너를 원하나 너는 죄를 다스릴지니라' 가인이 그의 아우 아벨에게 말하고 그들이 들에 있을 때에 가인이 그의 아우 아벨을 쳐죽이니라."(창 4:1~8)

오늘날도 예배 시간에 상처받는 사람들이 많습니다.

예배하면서 상처받는 것이 가장 무서운 일입니다. 교회에서 예배 시간에 설교를 들을 때, 찬양할 때, 기도할 때 상처받지 않도록 깨어 있어야 합니다. 전도하고 선교하고 연보하고 봉사할 때도 상처받지 않도록 깨어 있어야 합니다. 그럴 때 상처받으면 사탄이 틈을 타서 미움과 분노가 가득 차게 되고 살인까지 하게 됩니다. 예배할 때 상처가 되는 일을 겪으면 이렇게 기도하십시오.

"하나님, 제가 받아야 할 이 상처를 예수님이 십자가에서 대신

다 받았습니다. 그러므로 저는 상처받지 않습니다."

오늘부터는 예배 시간에 절대로 상처받지 말기 바랍니다.

때로는 당신의 마음에 상처가 된다 싶을 정도의 강력한 메시지가 주의 종의 입을 통해 선포되더라도 당신의 모든 상처가 예수님께로 옮겨졌음을 믿으십시오. 그러면 상처받지 않게 됩니다.

사탄은 아주 사소한 한두 마디 단어를 통해 당신의 감정을 건드립니다. 그럴 때 감정이 상하지 않게 주의하십시오. 상처를 예수님의 십자가로 던지십시오. 오직 믿음으로 말씀을 받으십시오.

하나님께서 주의 종을 통해 주시는 말씀, 그 말씀을 통해 주어지는 모든 징계 곧 코칭을 달게 받기 바랍니다. 하나님의 말씀을 통해 주시는 가르침과 권면, 설명과 지시를 억만 번이나 감사하게 받기 바랍니다. "설교 시간에 왜 저런 말씀을 하시는 거야? 기분 나빠, 짜증나" 하고 감정이 상하면 그 순간 상처받게 되고 그날로부터 하나님께 등지게 됩니다. 주의 종과 교회와도 등지게 됩니다. 그러면 어두운 밖으로 나가게 되고 사탄의 밥이 됩니다.

은 30에 예수님을 팔고 자살했던 가룟 유다가 그랬습니다.

"유다가 그 조각을 받고 곧 나가니 밤이러라."(요 13:30)

예배에 감정은 소중한 역할을 하지만 예배는 감정으로 드리는 것이 아닙니다. 믿음으로 드리는 것입니다. 감정은 살짝 건드려도 쉽게 상합니다. 믿음은 아무리 세게 쳐도 더 강해집니다. 하나님은 감정의 하나님이 아니십니다. 믿음의 하나님이십니다.

히브리서 11장 4절을 기억하고 믿음의 제사를 드리십시오.

"믿음으로 아벨은 가인보다 더 나은 제사를 하나님께 드림으로 의로운 자라 하시는 증거를 얻었으니 하나님이 그 예물에 대하여 증언하심이라 그가 죽었으나 그 믿음으로써 지금도 말하느니라."

예배는 믿음으로 시작해서 믿음으로 끝내야 합니다.

예배하는 내내 당신의 믿음을 굳게 지키십시오.

예수님이 당신 대신 모든 곤욕을 당하셨다

열셋째, 예수님은 당신 대신 모든 곤욕을 당하셨습니다.

"그가 곤욕을 당하여 괴로울 때에도 그의 입을 열지 아니하였음이여 마치 도수장으로 끌려가는 어린 양과 털 깎는 자 앞에서 잠잠한 양 같이 그의 입을 열지 아니하였도다. 그는 곤욕과 심문을 당하고 끌려갔으나 그 세대 중에 누가 생각하기를 그가 살아 있는 자들의 땅에서 끊어짐은 마땅히 형벌 받을 내 백성의 허물 때문이라 하였으리요."(사 53:8~9)

예수님이 얼마나 하실 말씀이 많았겠습니까?

예수님은 온갖 굴욕을 받으면서도 입 한번 열지 않고 참으셨습니다. 도살장으로 끌려가는 어린 양처럼 가만히 서서 털을 깎이는 어미 양처럼 결코 입을 열지 않으셨습니다. 그분이 억울한 재판을 받고 처형당하는데 그 신세를 걱정해 주는 자가 어디 있었습니까? 그렇습니다. 그분은 인간 사회에서 끊기었습니다. 우리의 반역죄를 쓰고 사형을 당하신 것입니다. 폭행을 저지른 일도 없었고 입에 거짓을 담은 적도 없었지만 그분은 죄인들과 함께 처형

당하고 불의한 자들과 함께 묻혔습니다.

예수님께서 우리가 받아야 할 굴욕과 억울함, 버림받음과 단절, 곧 모든 상처를 우리 대신 다 받으신 것입니다.

예수님은 상처 준 사람들을 저주하지 않았다

열넷째, 예수님은 자기에게 상처 준 사람들을 저주하지 않고 오히려 그들을 용서해 달라고 기도하셨습니다. "그가 많은 사람의 죄를 담당하며 범죄자를 위하여 기도하였느니라."(사 53:12)

당신도 당신에게 상처 준 사람을 위해 기도해야 합니다.

그를 저주하지 말고 축복해야 합니다.

그를 미워하지 말고 용서해야 합니다.

이것이 그리스도의 마음입니다.

사람들은 자기가 상처 준 것을 모른다

당신은 상처 준 사람의 근황에 대해 궁금하지 않습니까?

나도 내게 상처 준 사람들이 어떻게 지내나 하고 가끔 궁금해 한 적이 있었습니다. 그런데 그들을 보니 행복하게 웃으며 잘 살고 있었습니다. 상처받은 한 사람이 하나님께 물었습니다.

"그 사람은 내게 상처를 줬는데 왜 저렇게 잘 사나요?"

하나님은 그에게 놀라운 말씀을 하셨습니다.

"너 혼자 상처받은 것이다. 그 사람은 전혀 모른다."

"아, 어떻게 그럴 수가 있어요? 나는 그 사람 때문에 큰 상처를 받고 힘들어 죽을 지경인데 그 사람은 내게 상처 준 것을 전혀 모른다니, 이게 말이 됩니까? 하나님, 억울합니다."

"네가 상처받은 것은 너의 문제다. 그 상처를 해결하라."

"어떻게 해결해야 합니까? 저는 그 방법을 모릅니다."

"김열방을 찾아가라."

그분이 내게 찾아와 흐느껴 울며 상처받은 이야기를 늘어놓았습니다. 나는 그분에게 내가 깨달은 비결을 말해 주었습니다.

"당신의 모든 상처는 예수님이 십자가에서 다 가져갔습니다. 예수님이 당신 대신 상처받음으로 당신은 나음을 입었습니다. 당신의 상처가 십자가에 옮겨지고 하나도 없다는 것을 믿으십시오."

그분은 그날 완전한 자유를 얻었고 또 상처받지 않는 비결도 배워 행복한 마음으로 집으로 돌아갔습니다. 나중에 말하기를 그날 이후로 상처받는 일이 더 이상 없었다고 했습니다.

당신도 이러한 자유를 얻을 수 있습니다. 이렇게 말하십시오.

"나의 모든 상처를 예수님이 십자가에서 담당하셨다. 나는 어떠한 경우에도 상처받지 않는다. 나는 상처로부터 자유롭다."

당신에게 상처 준 사람을 용서하라

당신에게 상처 준 사람이 떠오릅니까? 미워 죽을 지경입니까?

이제 그 사람을 용서하십시오. 그 사람의 허물을 예수님이 십자가에서 다 짊어지셨습니다. "그가 상함은 우리의 허물 때문이라"고 했습니다. 그렇습니다. 예수님이 상하신 것은 당신과 나의 허물, 우리 모두의 허물 때문입니다. 우리 모든 사람의 허물을 예수님이 십자가에서 다 짊어지고 죽으셨습니다. 믿으십시오.

많은 사람들이 하루에도 수백 가지 상처를 받습니다.

하지만 상처 준 사람들은 자기가 남에게 상처 주었는지 모릅니다. 무지한 가운데서 자기 할 일을 할 뿐입니다. 당신은 일방적으로 상처를 받습니다. 그런 상처를 받지도 말고 그런 상처에 빠져 있지도 말아야 합니다. 마귀는 상처라는 작은 쐐기와 큰 말뚝을 박아 당신과 하나님과의 관계, 당신과 형제와의 관계를 쪼갭니다.

"나는 상처받았어. 내게 상처 준 그 사람이 미워, 도무지 용서할 수 없어. 이 상처와 미움을 죽을 때까지 품고 살 거야."

그러면 그 사람이 죽는 것이 아니라 당신이 죽습니다.

성경은 당신이 형제에게 상처를 받았다고 그 형제를 용서하지 않으면 이 땅에서 살 동안 큰 고통을 받는다고 말씀합니다.

그때 베드로가 예수님께 와서 "주님, 형제가 내게 죄를 지었을 때 몇 번이나 용서해야 합니까? 일곱 번까지면 되겠습니까?" 하고 묻자 예수님은 이렇게 말씀하셨다. "일곱 번만 아니라 일흔 번씩 일곱 번이라도 용서하여라. 그러므로 하늘나라는 종들과 계산을 하려는 왕과 같다. 계산을 시작하자 1만 달란트 빚진 한 종이 왕 앞에 끌려왔다. 그 종은 빚을 갚을 돈이 없으므로 왕이 종에게 그와 아내와 자식들과 그가 가진 것 전부를 팔아서 빚을 갚으라고 명령하였다. 그러자 종은 왕에게 엎드려 '조금만 참아 주십시오. 그러면 다 갚아 드리겠습니다' 하고 간청하였다. 그래서 왕은 그를 불쌍히 여겨 빚을 모두 면제해 주고 놓아 주었다. 그러나 그 종은 나가 자기에게 100데나리온 빚진 동료를 만나 멱살을 잡고 '당장 내 돈을 내놔!' 하면서 재촉하였다. 그 동료는 엎드려 '조금만 참아 주게. 반드시 갚겠네' 하고 간청하였다. 그러나 그 종은 그 사람의 간청을 들어주지 않고 빚을 다 갚을 때까지 그를 감옥에 가둬 버렸다. 다른 종들이 그가 하는 짓을 보고 몹시 마음이 아파 왕에게 가서 모두 일러바쳤다. 그래서 왕이 그 종을 불러 말하였다. '네 이놈, 네가 간청하기에 모든 빚을 면제해 주지 않았느냐? 그렇다면 내가 너를 불쌍히 여긴 것처럼 너도 네 동료를 불쌍히 여기는 것이 마땅하지 않느냐?' 그리고서 왕은 화를 내며 빚을 다 갚을 때까지 그 종을 가두어 두었다. 너희가 전심으로 형제를 용서하지 않으면 하늘에 계신 내 아버지께서도 너희에게 그와 같이 하실 것이다."(마 18:21~35)

그 사람이 당신에게 준 상처는 사실 그리 큰 상처가 아닙니다.

당신이 죄를 짓고 하나님께 준 상처는 1만 달란트 빚진 것과 같고 부모 형제, 친척 친구가 당신에게 준 상처는 100데나리온 빚진 것과 같습니다. 금 한 달란트는 15억 정도이므로 1만 달란트는 15조 원이나 됩니다. 그에 비해 한 데나리온은 10만 원 정도이므로 100데나리온은 천만 원밖에 안 됩니다.

평생 일하며 갚아도, 아니 삼사 대가 죽어라고 일하며 갚아도 다 갚지 못할 엄청난 빚인 15조 원을 탕감 받은 사람이 천만 원밖에 안 되는 작은 빚을 진 사람을 너그럽게 대하지 않은 것입니다.

당신에게 상처 준 사람을 너그럽게 대하라

당신에게 상처 준 사람을 너그럽게 대하십시오. 오래 참고 기다려 주십시오. 그도 언젠가는 철이 들고 바뀔 것입니다. 만약 늙어 죽을 때까지 철이 들지 않고 바뀌지 않으면 또 어떻습니까?

그것도 그 사람의 그릇이고 그 사람의 인생일 뿐입니다.

그 사람이 바뀌는 것은 하나님이 하실 일이며, 하나님도 그 사람에 대해 오래 참고 기다리십니다. 그러면 어떻게 해야 할까요?

첫째, 당신에게 한 하나님의 언약이 결코 더디지 않다는 것을 믿어야 합니다. "주의 약속은 어떤 이들이 더디다고 생각하는 것 같이 더딘 것이 아니라."(벧후 3:9)

둘째, 하나님은 당신을 비롯한 모든 사람에 대해 오래 참으십니다. "오직 주께서는 너희를 대하여 오래 참으사 아무도 멸망하지 아니하고 다 회개하기에 이르기를 원하시느니라."(벧후 3:9)

셋째, 당신이 말씀을 전했는데 금방 바뀌지 않더라도 화를 내지 말고 오래 참아야 합니다. "너는 말씀을 전파하라. 때를 얻든지 못 얻든지 항상 힘쓰라. 범사에 오래 참으라."(딤후 4:2)

넷째, 사랑은 오래 참습니다. "사랑은 오래 참고."(고전 13:4)

다섯째, 주위 사람에 대해 오래 참고 기다릴 때 그를 인하여 슬퍼하거나 근심하지 말고 항상 기뻐해야 합니다. "기쁨으로 모든 견딤과 오래 참음에 이르게 하시고."(골 1:11)

여섯째, 오래 참는 중에 자꾸 상처받지 말고 용납해야 합니다. 당신의 상처는 예수님이 십자가에서 다 짊어지셨습니다.

"오래 참음으로 사랑 가운데서 서로 용납하라."(엡 4:2)

일곱째, 오래 참으면 어떤 사람이든 설득할 수 있습니다.

"오래 참으면 관원도 설득할 수 있나니 부드러운 혀는 뼈를 꺾느니라."(잠 25:15)

여덟째, 때로는 화평을 미워하는 자들과 함께 오래 거주해야 될 때도 있습니다. 그래도 상처받을 필요는 없습니다. "내가 화평을 미워하는 자들과 함께 오래 거주하였다."(시 120:6)

아홉째, 앞서간 선지자들도 다들 당신처럼 고난 받고 오래 참았습니다. "형제들아, 주의 이름으로 말한 선지자들을 고난과 오래 참음의 본으로 삼으라."(약 5:10)

열째, 오래 참은 사람은 결국 약속을 성취 받습니다.

"그가 이같이 오래 참아 약속을 받았느니라."(히 6:15)

열한째, 상처받지 않는 비결을 깨닫고 실천해야 합니다.

아무리 당신이 하나님의 약속을 성취 받고 큰 복을 받는다 할지라도 당신의 마음이 상처를 받아 심장이 시커멓게 멍들면 다 소용없습니다. 심장이 멍든 사람은 뼈와 위장이 녹고 피가 마릅니다. 그러면 암을 비롯한 온갖 병에 시달리다가 일찍 죽습니다.

어떤 일이 있어도 당신의 마음은 상처받지 말아야 합니다.

그 비결이 무엇일까요? 이 책에 가득히 담겨 있습니다. 이 책을 상처받은 사람에게 선물로 주십시오. 그 비결은 바로 예수님이 십자가에서 당신의 상처를 대신 다 받으셨다는 것을 마음으로 믿고 입으로 시인하는 것입니다. 그러면 절대로 상처받지 않습니다. 나는 이 비결을 깨달은 날부터 상처 없는 인생이 되었습니다.

"그가 찔림은 우리의 허물 때문이요 그가 상함은 우리의 죄악 때문이라. 그가 징계를 받으므로 우리는 평화를 누리고 그가 채찍에 맞으므로 우리는 나음을 받았도다."(사 53:5)

천만 명이 욕해도 상처받지 마라

나는 상처 없는 인생이 되었습니다.

나는 천만 명이 욕을 해도 더 이상 상처받지 않습니다.

당신도 충분히 가능합니다. 오늘 부로 상처받은 인생을 졸업하십시오. 상처가 없으면 마음이 행복하고 모든 사귐이 회복됩니다. 상처가 있으면 그 아픈 경험 때문에 부모 형제 친척 친구로부터 스스로 격리되어 어둡고 습기 찬 자아의 동굴 속에 갇혀 이를 뿌드득뿌드득 갈며 살기가 가득한 얼굴 표정으로 살게 됩니다. 그러면 자기 몸만 녹아내릴 뿐입니다. 그 동굴 속에서 온몸과 마음이 녹아내려 병으로 고통을 겪다가 쓸쓸하게 혼자 죽습니다.

상처가 있는 사람은 잠을 제대로 못 자기 때문에 불면증에 시달립니다. 상처가 있는 사람은 밥을 제대로 못 먹기 때문에 위장병에 시달립니다. 상처가 있는 사람은 자나 깨나 먹으나 마시나 그 상처가 수시로 떠올라 자신을 괴롭히기 때문에 미쳐버립니다.

당신은 어떻습니까? 도대체 누구에게 상처받았습니까? 왜 그 사람이 그렇게 밉습니까? 왜 그 사람만 생각하면 화가 납니까?

'그 사람이 그렇게 말한 것은 그 사람의 스타일이고 그 사람의 인생일 뿐이야'라고 생각하며 너그럽게 대할 수는 없을까요?

상처받는 사람은 상대방의 그림자만 봐도 상처를 받습니다.
상처받는 사람은 상대방의 옷자락만 스쳐도 상처를 받습니다.
상처받는 사람은 상대방이 툭 내뱉은 말에도 상처를 받습니다.
상처받는 사람은 상대방의 존재 자체로도 상처를 받습니다.
상처받는 사람은 상대방의 눈빛만으로도 상처를 받습니다.
상처받는 사람은 상대방의 카톡만으로도 상처를 받습니다.
상처받는 사람은 상대방의 댓글만으로도 상처를 받습니다.

당신도 그동안 많은 상처를 받지 않았습니까? 이 글을 읽는 지금 이 순간부터는 어떠한 경우에도 상처받지 마십시오.

상처받지 않는 사람은 매일 수많은 사람들과 먹고 마시고 뒹굴어도 상처받지 않습니다. 상처받지 않는 사람은 사람들이 아무리 욕하며 박해하는 말을 쏟아 내도 상처받지 않습니다. 상처받지 않는 사람은 천만 명이 에워싸고 협박하며 치려고 해도 상처받지 않습니다. 상처받지 않는 사람은 주위 모든 사람이 미움과 시기, 질투와 살기가 가득한 눈빛으로 쳐다봐도 상처받지 않습니다.

상처받지 않는 사람은 그를 죽이려는 사람들이 나쁜 의도로 쓴 비판하는 인터넷 글과 악성 댓글, 신문 기사와 뉴스, 책과 잡지 등을 통해 하는 온갖 거짓 증거에도 상처받지 않습니다.

나도 예전엔 그런 것에 아주 민감했고 하나라도 발견되면 금방 상처받고 어쩔 줄 몰라 당황했지만 이제는 상처받지 않습니다.

당신의 받아야 할 모든 상처는 예수님이 십자가에서 다 받았다는 것을 깨달았기 때문입니다. 나는 매일 이렇게 고백합니다.

"내가 받아야 할 모든 상처는 예수님이 십자가에서 다 받았다. 나는 오늘부터 어떠한 경우에도 더 이상 상처받지 않는다."

당신의 모든 상처는 십자가에 매달렸습니다.

당신은 더 이상 상처받는 사람이 아닙니다.

당신은 상처를 치료하는 사람입니다.

"예수님이 십자가에서 당신 대신 상처를 다 받았다"는 복음을 전하며 다른 사람들의 상처를 치료하는 사람으로 사십시오.

상처받지 않으면 모든 사귐이 회복된다

상처받지 않으면 당신의 인생에 어떤 유익이 올까요?

상처받지 않으면 어둠에서 나와 빛 가운데 거하게 됩니다.

그러면 하나님과의 사귐, 예수님과의 사귐, 성령님과의 사귐이 있게 됩니다. 하나님의 종과의 사귐이 있게 됩니다. 성도들과의 사귐이 있게 됩니다. 부모 형제 친척 친구들과의 사귐이 있게 됩니다. 그동안 끊었던 모든 사람과의 사귐이 회복됩니다.

"그가 빛 가운데 계신 것 같이 우리도 빛 가운데 행하면 우리가 서로 사귐이 있고 그 아들 예수의 피가 우리를 모든 죄에서 깨끗하게 하실 것이요."(요일 1:7)

"빛 가운데 행한다"는 말씀은 '사귐을 가진다'는 뜻입니다.

이것이 당신이 받을 가장 큰 복입니다.

모든 것을 가져도 관계가 다 끊기면 무슨 소용 있겠습니까?

당신이 큰 은혜를 받았다고요? 그런데 왜 하나님과의 관계가 끊겼습니까? 당신이 큰 믿음을 가졌다고요? 그런데 왜 주의 종과의 관계가 끊겼습니까? 당신이 큰 능력을 가졌다고요? 그런데 왜 성도들과의 관계가 끊겼습니까? 당신이 큰 사랑을 가졌다고요? 그런데 왜 부모 자녀 친척 친구들과의 관계가 끊겼습니까?

당신이 화려한 왕궁에서 산다 할지라도 마음에 상처와 미움이 가득하다면 행복은 없고 감방에서 사는 것보다 못할 것입니다.

"다투는 여인과 함께 큰 집에서 사는 것보다 움막에서 혼자 사는 것이 나으니라."(잠 25:24)

왜 다투는 걸까요? 상처받았다고 생각하기 때문입니다.

태초에 에덴동산의 아담과 하와에게는 상처가 없었습니다.

"여호와 하나님이 이르시되 사람이 혼자 사는 것이 좋지 아니하니 내가 그를 위하여 돕는 배필을 지으리라 하시니라. 아담이 이르되 이는 내 뼈 중의 뼈요 살 중의 살이라. 이것을 남자에게서 취하였은즉 여자라 부르리라 하니라"(창 2:18, 23)

그런데 죄가 들어온 순간부터 상처가 폭발적으로 생겼습니다.

아담은 하나님이 주신 하와 때문에 죄를 지었다고 핑계를 댔고 하와는 하나님이 만드신 뱀 때문에 죄를 지었다고 핑계 댔습니다.

서로 상대방 때문에 자기가 상처받았다고 말하며 원망하기 시작했습니다. 하나님은 한 짐승을 잡아 죽여 가죽옷을 만들어 입히면서 말씀하셨습니다. "너희가 받아야 할 죄의 대가와 상처를 이 짐승에게 다 옮겼다. 죄와 상처로부터 자유를 얻으라. 이제 너희에게 오는 모든 상처는 이 가죽옷이 대신 다 받을 것이다."

그들은 가죽 옷, 곧 그리스도로 옷 입었습니다. 그리고 하나님과의 사귐, 서로 간의 사귐을 하루 만에 모두 회복했습니다.

당신도 그렇게 될 수 있습니다. 이렇게 믿고 말하십시오.

"내가 받아야 할 모든 상처는 예수님이 대신 다 받으셨어. 그러므로 나는 오늘부터 편안한 마음으로 하나님께 나아가 예배할 거야. 주의 종을 만날 거야. 부모 자녀 형제 친구 친척을 만날 거야. 그동안 등졌던 모든 사람을 편안한 마음으로 만날 거야. 나는 빛 가운데 거하고 있어. 빛의 아들이야. 내 안에 빛이 가득해."

그렇습니다. 당신 안에 빛 되신 예수님이 가득히 계십니다.

빛이 가득한 사람은 더 이상 어두움에 거하지 않습니다.

어두움은 홀로 멀리 떨어져 미움과 증오가 가득한 마음으로 지옥같이 불행한 인생을 사는 것입니다. 그러면 얼마 후에 병이 생깁니다. 병을 치료하느라 돈과 시간을 다 날립니다. 미움과 증오는 점점 더 커져만 갈뿐입니다. "그 사람 때문이야. 미워 죽겠어."

아닙니다. 그 사람 때문도 아니고 당신 때문도 아닙니다.

모든 죄와 상처는 예수님이 십자가에서 다 짊어지셨습니다.

그러므로 오직 믿음의 주요 또 온전케 하시는 이인 예수님을 바라보십시오. 그러면 당신의 마음에 가득한 미움과 증오가 사라지고 자유를 얻게 됩니다. 예수를 바라보면 모든 죄를 사함 받습니다. 미움과 증오와 상처가 다 사라집니다. 더 이상 상처받지 않게 됩니다. 예수님이 당신 대신 모든 상처를 다 받으셨기 때문입니다. 내일로 미루지 말고 오늘 자유를 얻으십시오.

상처받지 않는 사람은 억만번이나 행복하다

상처받지 않는 사람은 어떨까요?

상처받지 않는 사람은 매일이 천국같이 행복합니다.

일어나도 행복, 앉아도 행복, 걸어도 행복, 뛰어도 행복, 먹어도 행복, 마셔도 행복, 옷을 입어도 행복, 옷을 벗어도 행복, 운전해도 행복, 운전 안 해도 행복, 문자를 보내도 행복, 문자를 받아도 행복, 댓글을 달아도 행복, 댓글을 지워도 행복, 책을 읽어도 행복, 책을 써도 행복, 결혼해도 행복, 결혼 못 해도 행복, 자녀를 낳아도 행복, 자녀를 못 낳아도 행복, 집을 사도 행복, 집을 팔아도 행복, 행복이 끝도 없습니다. 처음부터 끝까지 행복뿐입니다.

하루 종일 억만 가지가 다 행복입니다. 이런 사람은 모든 일에 행복만 느낍니다. 당신은 어떻습니까?

"나는 또 행복을 느꼈어. 와, 저 사람이 너무 사랑스러워."

행복을 느끼는 순간, 더 풍성한 행복을 위해 더 많은 사람들을 만납니다. 이것이 진정으로 행복한 인생이 아닐까요?

당신도 상처받지 않으면 억만 번이나 행복해집니다.

상처받으면 억만 번이나 불행해집니다. 지옥이 따로 없습니다.

지옥은 억만 번이나 상처받고 불행한 곳이고 천국은 억만 번이나 풍성하고 행복한 곳입니다. 당신은 어떤 인생입니까?

나는 "예수님이 내 대신 상처받았다"는 사실을 깨닫는 순간 상처받는 인생을 완전히 졸업했습니다. 나는 더 이상 상처받지 않습니다. 내 인생에는 상처가 없습니다. 행복과 기쁨만 있습니다.

"내 사전에는 상처가 없다."

당신도 상처 없는 삶을 살 수 있습니다.

"그가 상함은 '우리의 허물' 때문이요."

당신과 나의 허물, 우리 모두의 허물을 예수님이 십자가에서 상하시므로 다 담당하셨습니다. 우리의 허물이 예수님의 십자가로 다 옮겨졌습니다. 그분의 등은 채찍에 맞아 골이 파였고 피가 솟구쳐 나왔습니다. 그분의 양손과 양발은 대못에 박혀 갈라졌고 뜨거운 피를 흘러나왔습니다. 그분의 머리는 가시 면류관에 찔려 사정없이 뚫렸고 이마에서 붉은 핏방울이 마구 터져 나왔습니다.

예수님이 찔린 것은 우리의 죄악 때문입니다.

예수님은 우리의 죄악과 허물을 모두 담당하셨습니다.

예수님의 피가 우리의 모든 죄악과 허물을 사했습니다.

그러므로 예수를 구주로 믿으므로 그리스도 안에 거하게 된 우리는 더 이상 우리의 죄악과 허물에 매여 있을 수 없습니다.

우리는 죄악과 허물에서 자유를 얻었습니다.

"그가 찔림은 우리의 허물 때문이요 그가 상함은 우리의 죄악 때문이라. 그가 징계를 받으므로 우리는 평화를 누리고 그가 채찍에 맞으므로 우리는 나음을 받았도다."(사 53:5)

예수님이 징계를 받으므로 우리는 평화를 누립니다.

예수님이 채찍에 맞음으로 우리는 나음을 받았습니다.

우리는 평화와 치료가 가득한 삶을 살게 되었습니다.

우리 안에 하나님의 생명이 가득합니다.

빛 가운데서 다시 사람들을 만나고 사귀라

당신은 빛 가운데 거하고 있습니까?

나는 하루 종일 빛 가운데 거하고 있습니다. 그래서 내 마음은 기쁨이 충만합니다. 내게는 하나님과의 사귐이 있고 그의 아들 예수 그리스도와의 사귐이 있습니다. 나는 매일 하나님과 함께 자고 깨며, 그분과 함께 숨 쉬며 살아가고 있습니다. 당신도 나처럼 빛 가운데 거하며 기쁨이 충만한 삶을 살 수 있습니다.

사도 요한은 이 사실에 대해 이렇게 말했습니다.

"우리가 보고 들은 바를 너희에게도 전함은 너희로 우리와 사귐이 있게 하려 함이니 우리의 사귐은 아버지와 그의 아들 예수 그리스도와 더불어 누림이라. 우리가 이것을 씀은 우리의 기쁨이 충만하게 하려 함이라. 우리가 그에게서 듣고 너희에게 전하는 소식은 이것이니 곧 하나님은 빛이시라. 그에게는 어둠이 조금도 없으시다는 것이니라. 만일 우리가 하나님과 사귐이 있다 하고 어둠에 행하면 거짓말을 하고 진리를 행하지 아니함이거니와 그가 빛 가운데 계신 것 같이 우리도 빛 가운데 행하면 우리가 서로 사귐이 있고 그 아들 예수의 피가 우리를 모든 죄에서 깨끗하게 하실 것이요."(요일 1:3~10)

당신이 빛 가운데 거하면 마음에 기쁨이 충만해지고 하나님과 이웃과의 사귐이 있게 됩니다. 당신의 마음이 빛 가운데 거한다는 것은 상처가 없기 때문에 가능한 것입니다. 매일 상처받는 사람은 빛 가운데 거할 수 없고 어둠 가운데 거하게 됩니다. 상처받을 때마다 어둠이 하나 둘씩 자꾸 생기기 때문입니다.

빛과 어둠은 공존할 수 없습니다.

"나는 상처받았어"라고 말하는 순간 당신의 마음에는 어둠이 가득해집니다. 그리고 당신에게 상처 준 사람이 미워집니다. 미움이 생기면 분노와 증오, 원망까지 함께 생깁니다. 그러면 살인하게 됩니다. '그 사람을 죽이고 싶다'는 마음이 문득문득 들게 되는 것이죠. 성경은 형제를 미워하면 살인했다고 했습니다. "그 형제를 미워하는 자마다 살인하는 자니 살인하는 자마다 영생이 그 속에 거하지 아니하는 것을 너희가 아는 바라."(요일 3:15)

우리는 사도 요한의 편지를 읽고 깨달음을 얻어야 합니다.

첫째, 죄를 짓는 자는 마귀에게 속하였다고 했습니다.

"자녀들아, 아무도 너희를 미혹하지 못하게 하라. 의를 행하는 자는 그의 의로우심과 같이 의롭고 죄를 짓는 자는 마귀에게 속하나니 마귀는 처음부터 범죄함이라. 하나님의 아들이 나타나신 것은 마귀의 일을 멸하려 하심이라. 하나님께로부터 난 자마다 죄를 짓지 아니하나니 이는 하나님의 씨가 그의 속에 거함이요 그도 범죄하지 못하는 것은 하나님께로부터 났음이라. 이러므로 하나님의 자녀들과 마귀의 자녀들이 드러나나니 무릇 의를 행하지 아니하는 자나 또는 그 형제를 사랑하지 아니하는 자는 하나님께 속하지 아니하니라."(요일 3:7~10)

어떤 죄입니까? 두 가지인데, 의를 행하지 않고 형제를 사랑하지 않은 죄입니다. 사실 이 두 가지는 한 가지입니다. 여기서 말하는 의는 '하나님의 공의'입니다. 하나님의 공의는 "네가 일만 달란트 빚진 것을 은혜로 탕감했다. 네가 이 은혜를 받았다면 너도 형제의 일백 데나리온 빚진 것을 탕감해 주라"는 것입니다. 하나님이 억만 가지 죄를 지은 너를 사랑하고 용서하셨으니 너도 형제를 사랑하고 용서하라는 말씀입니다. 이해되십니까? 형제를 미워하겠다고 마음먹은 사람은 그 마음이 마귀에게 속한 것입니다. 그런 마음을 회개하고 돌이켜야 합니다. 하나님께 죄를 자백해야 합니다. 그러면 그 아들 예수의 피가 당신을 깨끗하게 하십니다.

둘째, 우리는 서로 사랑해야 합니다.

"우리는 서로 사랑할지니 이는 너희가 처음부터 들은 소식이라. 가인 같이 하지 말라. 그는 악한 자에게 속하여 그 아우를 죽였으니 어떤 이유로 죽였느냐? 자기의 행위는 악하고 그의 아우의 행위는 의로움이라."(요일 3:11~12)

사람들이 자기의 행위는 의롭고 다른 형제의 행위는 악하다고 생각하며 그 형제를 미워하고 증오합니다. 하지만 하나님은 반대라고 말씀하십니다. "네가 지금 형제를 미워하고 있다면 네 행위가 악한 것이다. 그것을 회개하라"고 하십니다. 지금 당신의 마음을 살펴보십시오. 당신의 마음에 어떤 사람을 죽이고 싶습니까?

그 마음은 하나님이 주신 것이 아닙니다. 마귀가 준 것이며 육체에서 일어난 것입니다. "나는 날마다 죽노라"(고전 15:31)고 고백한 사도 바울처럼 날마다 육체의 마음을 쳐서 죽여야 합니다.

그리고 마귀의 생각을 물리쳐야 합니다. 마귀는 시도 때도 없이 다가와 '정죄와 미움의 검은 옷'을 당신의 마음 벽에 걸려고 합니다. 왜 그것이 쉽게 걸릴까요? '상처'라는 못 때문입니다.

상처라는 못이 당신의 마음에 박혀 있으면 언제든지 마귀가 와서 정죄와 미움이라는 옷을 걸 수 있습니다. 그러면 끝장입니다.

남을 정죄하면 그를 심판해야 한다는 마음이 들고, 심판을 빨리 하지 못하면 미움이 가득해지게 됩니다. 미움이 가득해지면 '그 사람을 죽이고 싶다'는 마음이 들게 됩니다. 그러면 이미 당신의 마음에서 그 사람을 살인한 것과 같습니다.

"그 사람이 먼저 내게 상처를 줬는데요?" 그렇지 않습니다.

그 사람은 아무것도 모르고 자기 할 말을 했고 자기 할 행동을 했을 뿐입니다. 알고 한 것이 아니라 몰라서 그렇게 한 것입니다.

"형제들아, 세상이 너희를 미워하여도 이상히 여기지 말라."

"우리는 형제를 사랑함으로 사망에서 옮겨 생명으로 들어간 줄을 알거니와 사랑하지 아니하는 자는 사망에 머물러 있느니라."

"그 형제를 미워하는 자마다 살인하는 자니 살인하는 자마다 영생이 그 속에 거하지 아니하는 것을 너희가 아는 바라."(요일 3:13~15)

세상이 당신을 미워하여도 이상하게 여기지 마십시오. 그것은 지극히 당연한 것입니다. 그들은 그들의 아비인 마귀에게서 났기 때문입니다. 그래도 그들을 미워하면 안 됩니다. 우리도 옛날에는 다 그랬기 때문입니다. 하나님은 우리가 경건치 못할 때에, 아직 연약할 때에, 아직 죄인 되었을 때에 우리를 사랑하셨습니다.

하나님은 우리가 의인일 때 우리를 위해 목숨을 버리신 것이 아닙니다. 우리가 죄인일 때 우리를 위해 목숨을 버리셨습니다. 그러므로 우리도 그들을 사랑해야 합니다. "그가 우리를 위하여 목숨을 버리셨으니 우리가 이로써 사랑을 알고 우리도 형제들을 위하여 목숨을 버리는 것이 마땅하니라."(요일 3:16)

형제를 사랑하되 마음으로만 사랑하는데서 머물지 말고 한 걸음 더 나아가 실제적인 도움까지 주어야 한다고 했습니다.

"누가 이 세상의 재물을 가지고 형제의 궁핍함을 보고도 도와줄 마음을 닫으면 하나님의 사랑이 어찌 그 속에 거하겠느냐? 자녀들아, 우리가 말과 혀로만 사랑하지 말고 행함과 진실함으로 하자."(요일 3:17, 18)

형제에게 실제적인 도움을 어떻게 줄 수 있습니까?

먼저 사귐이 있어야 합니다. 사귐이 없는데 어떻게 도움이 있겠습니까? 서로 상처받고 미워하면 어두움 가운데 거하고 사귐이 끊기기 때문에 교통(交通)도 끊깁니다. 국어사전에는 교통에 대해 '자동차, 기차, 비행기 등의 탈것을 이용하여 사람이나 짐이 한 지역에서 다른 지역으로 이동하는 일'이라고 나와 있습니다.

상처받지 않으면 빛 가운데 거하게 되고 서로 사귐이 있게 됩니다. 사귐이 있게 되면 그때부터 서로의 형편을 알게 되고 공급이 있게 됩니다. 이것은 부모와 자식 간의 관계에서도 마찬가지입니다. 하나님과의 관계에서도 사귐이 있고 그 사귐을 통해 공급을 받게 됩니다. 예수님도 이것을 말씀하셨습니다. "지금까지는 너희가 내 이름으로 아무 것도 구하지 아니하였으나 구하라. 그리하면 받으리니 너희 기쁨이 충만하리라."(요 6:24)

당신이 빛 가운데 거하며 하나님과의 사귐이 있으면 무엇이든지 하나님께 구하는 바를 다 공급받게 될 것입니다.

예수님 때문에 상처받은 사람도 많았다

사람들이 왜 당신을 미워할까요? 이유가 없습니다.

사람들은 가장 완벽한 지도자인 예수님조차도 미워했습니다.

"나를 미워하는 자는 또 내 아버지를 미워하느니라. 내가 아무도 못한 일을 그들 중에서 하지 아니하였더라면 그들에게 죄가 없었으려니와 지금은 그들이 나와 내 아버지를 보았고 또 미워하였도다. 그러나 이는 그들의 율법에 기록된 바 그들이 이유 없이 나를 미워하였다 한 말을 응하게 하려 함이라."(요15:23~25)

율법주의자들은 예수님의 존재 자체가 미웠습니다.

그래서 예수님을 없애려고 했습니다. 미운 사람은 이유가 없습니다. 그냥 미운 것입니다. 머리끝에서부터 발끝까지 그냥 모든 것이 밉습니다. 반대로, 사람들이 왜 예수님을 사랑했을까요? 거기에도 이유가 없습니다. 그냥 예수님에게 푹 빠진 것입니다.

사랑은 하는 것이 아니라 빠지는 것입니다. 자신도 모르게 빨려 들어가는 것입니다. 예수님이 아버지의 사랑을 왜 받았습니까? "아버지가 시키는 일을 완벽하게 다 순종했으니까요?"

꼭 그런 것만은 아닙니다. 예수님이 요단강에서 세례 받고 올라오실 때는 하늘에서 음성이 들렸습니다. "이는 내 사랑하는 아들이고 내 기뻐하는 아들이다. 내가 그를 많이 좋아한다."

예수님은 아직 아무 일도 하지 않았습니다. 세례 받고 난 후에 성령에 이끌리어 광야로 나가셨고 마귀에게 시험을 받으셨습니다. 예수님이 아무 일도 하지 않았을 때 하나님 아버지는 그를 사랑하셨습니다. 왜 사랑하셨을까요? 아들이기 때문입니다.

예수님은 하나님 아버지가 마음을 다하고 목숨을 다하고 힘을 다하고 뜻을 다해 사랑하는 외동아들이었습니다.

예수님은 귀신을 내쫓았기 때문에 사랑 받은 것이 아니었습니다. 병을 고쳤기 때문에, 죽은 자를 살렸기 때문에, 문둥병자를 깨끗하게 했기 때문에, 오병이어로 수천 명을 먹였기 때문에, 물 위를 걸었기 때문에 사랑받으신 것이 아니었습니다. 예수님은 이 땅에 내려오기도 전, 하나님 아버지의 품속에 있을 때부터 사랑 받으셨습니다. 예수님은 아버지가 무슨 말씀을 하시든지 다 순종했고 아버지가 시키신 일에 한번도 상처받지 않고 다 순종하셨습니다. 예수님은 온 우주에서 가장 온유하고 겸손하셨습니다.

예수님은 항상 기쁨이 가득했다

예수님은 항상 기쁨이 가득한 분이셨습니다. 왜일까요?

어떤 일에든지 상처받지 않았기 때문입니다. 당신도 예수님처럼 상처받지 마십시오. 그러면 기쁨이 충만해집니다.

그분은 제자들에게 자신이 누리는 기쁨을 주겠다고 약속하셨습니다. "내 기쁨이 너희 안에 있어 너희 기쁨을 충만하게 하려 함이라."(요 15:11) 그렇습니다. 예수님은 항상 기뻐하셨고 자주 춤을 추셨습니다. 한 작가는 예수님을 '춤의 왕'이라고 말했습니다.

춤의 왕

이 세상이 창조되던 그 아침에
나는 아버지와 함께 춤을 추었다.
내가 베들레헴에 태어났을 때도
하늘의 춤을 추었다.

춤춰라, 어디서든지 힘차게 멋있게 춤춰라.
나는 춤의 왕 너 어디 있든지
나는 춤 속에 너 인도하련다.

높은 양반들 위해 춤을 추었을 때
그들 천하다 흉보고 비웃었지만
어부 위해서 춤을 추었을 때에는
날 따라 춤을 추었다.

춤춰라, 어디서든지 힘차게 멋있게 춤춰라.
나는 춤의 왕 너 어디 있든지
나는 춤 속에 너 인도하련다.

안식일에도 쉬지 않고 춤췄더니
높고 거룩한 양반들 화를 내면서
나를 때리고 옷을 벗겨 매달았다.
십자가에 못 박았다.

춤춰라, 어디서든지 힘차게 멋있게 춤춰라.
나는 춤의 왕 너 어디 있든지

나는 춤 속에 너 인도하련다.

높은 십자가에서 피를 흘리면서
춤을 계속해 추기란 힘이 들지만
끝내 땅 속에 깊이 묻힌 이후에도
난 아직 계속 춤춘다.

춤춰라, 어디서든지 힘차게 멋있게 춤춰라.
나는 춤의 왕 너 어디 있든지
나는 춤 속에 너 인도하련다.

어리석게도 그들 좋아 날뛰지만
나는 생명이다. 결코 죽지 않는다.
네가 내 안에 살면 나도 네 안에서
영원히 함께 살련다.

춤춰라, 어디서든지 힘차게 멋있게 춤춰라.
나는 춤의 왕 너 어디 있든지
나는 춤 속에 너 인도하련다.

예수님이 춤을 추며 사신 것은 기적 때문이 아니었습니다.
그분의 신분과 위치 때문이었습니다. 그분은 이 세상에 속하지
않으셨고 하늘에 속한 분이셨습니다. 그래서 춤추셨습니다.
"너희 이름이 하늘에 기록된 것으로 기뻐하라."(눅 10:20)
제자들은 귀신이 항복한 것 때문에 기뻐했습니다. 하지만 예수
님은 그보다 더 크고 영원한 기쁨이 있다고 하셨습니다.

"칠십 인이 기뻐하며 돌아와 이르되 '주여, 주의 이름이면 귀신들도 우리에게 항복하더이다.' 예수께서 이르시되 '사탄이 하늘로부터 번개 같이 떨어지는 것을 내가 보았노라. 내가 너희에게 뱀과 전갈을 밟으며 원수의 모든 능력을 제어할 권능을 주었으니 너희를 해칠 자가 결코 없으리라. 그러나 귀신들이 너희에게 항복하는 것으로 기뻐하지 말고 너희 이름이 하늘에 기록된 것으로 기뻐하라' 하시니라."(눅 10:17~20)

당신은 무엇 때문에 춤추고 있습니까?

또는 무엇 때문에 울상을 짓고 어깨를 늘어뜨리고 있습니까?

혹시 귀신 때문에 울고 웃지 않습니까? 귀신은 하늘나라 입장에서 보면 바퀴벌레와 같이 작은 존재입니다. 바퀴벌레 몇 마리를 잡았다고 해서 기뻐 뛰며 춤을 출 사람이 있겠습니까? 세상에서 가장 큰 기쁨 곧 영생으로 인한 기쁨 때문에 춤을 춰야 합니다. 귀신에게 당신의 감정을 주지 말고 하나님에게 주십시오.

귀신 때문에 상처받지 말고 하나님을 기뻐하십시오.

예수님이 십자가에서 당신의 모든 상처를 담당하셨습니다.

"그가 찔림은 우리의 허물 때문이요 그가 상함은 우리의 죄악 때문이라. 그가 징계를 받으므로 우리는 평화를 누리고 그가 채찍에 맞으므로 우리는 나음을 받았도다."(사 53:5)

그러므로 당신은 두 가지 믿음을 가져야 합니다.

첫째, "나는 더 이상 상처받지 않는다."

둘째, "나는 더 이상 상처 주지 않는다."

항상 하나님만 바라보며 행복하게 살아야 합니다.

당신 안에 크신 하나님이 실제로 살아 계십니다. "자녀들아, 너희는 하나님께 속하였고 또 그들을 이기었나니 이는 너희 안에 계신 이가 세상에 있는 자보다 크심이라."(요일 4:4)

세상에 있는 작은 자 때문에 상처받지 말고 당신 안에 계신 크신 예수님 때문에 기뻐하십시오. 예수님이 당신의 죄와 목마름, 병과 가난, 어리석음과 징계와 죽음을 다 짊어지셨습니다. 그러므로 당신이 의롭고 성령 충만하고 건강하고 부요하고 지혜롭고 평화와 생명을 누리는 것이 하나님의 뜻입니다.

천재적인 지혜가 나타나는 비결

당신은 공부를 못해서 마음이 상한 적이 있습니까?

나는 그런 적이 많습니다. 중학교 시절, 나는 전교에서 꼴찌를 했습니다. 전교 520명 중에 518등을 했고 반에서도 60명 중에 59등을 했습니다. 내 뒤에는 한두 명만 있었습니다. 그들은 학교에 나오는지, 시험을 치는지 알 수 없었습니다. 나는 연필을 굴리며 시험을 쳐도 20점은 나왔는데 나보다 점수가 더 못한 학생도 있었습니다. 그는 진짜 0점을 맞았습니다. 어쨌든 나는 공부를 못했기 때문에 학교생활은 재미가 없었고 학창 시절에 대한 선명한 기억도, 아름다운 추억도 떠올릴 수 없습니다.

중 고등학교 몇 년간은 내 인생에서 삭제된 느낌입니다.

나는 교회에서 어린 솔로몬이 하나님께 지혜를 구했다는 말을 듣고 나도 전능하신 하나님께 지혜를 구했습니다.

"하나님, 저에게도 지혜를 주세요. 저는 하나님을 잘 믿는데 왜 이렇게 머리가 나쁘고 공부도 못해야 합니까? 부탁합니다."

그렇게 딱 한번 기도하고 구했는데 내 마음에 하나님의 세미한 음성이 들렸습니다.

'네가 너에게 지혜를 주었다. 받았다고 믿어라.'

나는 깜짝 놀랐고 즉시 이렇게 대답했습니다.

"하나님, 두 말 하기 없습니다. 저는 지혜를 받았습니다."

'그래, 조금도 의심하지 마라. 그대로 될 것이다.'

나는 지혜를 받았다고 믿었습니다. 하지만 성적은 금방 오르지 않았고 계속 바닥을 헤맸습니다. 나는 마음이 상했고 이해가 안되었습니다. 어떤 사람이 하나님께 지혜를 받은 즉시 성적이 쑥쑥 올라 전교 1등을 했다는 간증을 듣고 더욱 상처를 받았습니다.

"하나님, 왜 저는 여전히 공부를 못하나요? 분명히 저에게 지혜를 주셨다고 했는데 왜 이렇게 머리가 나쁜 건가요?"

'아들아, 너의 생각과 말을 바꿔라. 너는 지혜를 받았다고 믿지만 네 생각과 말은 여전히 머리가 나쁘다는데 빠져 있다.'

"그러면 어떻게 해야 하나요?"

'내가 너에게 지혜를 안 준 것이 아니다. 네가 어떻게 그것을 나타내는지 그 방법을 몰라서 그런 것이다. 오늘부터 너는 너 자신을 향해 바보, 미련한 놈이라고 말하지 마라. 그 반대로 말해라. 바보의 반대말은 천재이고 미련한 놈의 반대말은 지혜로운 사람이다. 너 자신을 향해 천재라고 지혜가 가득하다고 말하라.

그러면 네게서 천재적인 지혜가 나타날 것이다. 인생이 바뀐다.'

"제가 천재라고요? 지혜가 가득한 사람이라고요?"

'그렇다. 너는 천재이고 지혜가 가득한 사람이다. 현상 곧 성적과 상관없이 그렇게 믿고 말하면 네게서 지혜가 나타날 것이다.'

나는 깜짝 놀랐습니다. 그리고 그런 내용이 어디 있는지 성경을 찾아보았는데 예수님께서 하신 말씀과 같은 내용이었습니다.

"나는 너희에게 이르노니 형제에게 노하는 자마다 심판을 받게 되고 형제를 대하여 라가라 하는 자는 공회에 잡혀가게 되고 미련한 놈이라 하는 자는 지옥 불에 들어가게 되리라."(마 5:22)

다른 번역에는 어떻게 나올까요?

"그러나 나는 이렇게 말한다. 자기 형제에게 성을 내는 사람은 누구나 재판을 받아야 하며 자기 형제를 가리켜 '바보'라고 욕하는 사람은 중앙 법정에 넘겨질 것이다. 또 자기 형제더러 '미친 놈'이라고 하는 사람은 불붙는 지옥에 던져질 것이다."(공동번역)

"그러나 나는 너희에게 말한다. 자기 형제나 자매에게 성내는 사람은 누구나 심판을 받는다. 자기 형제나 자매에게 '얼간이'라고 말하는 사람은 누구나 공의회에 불려 갈 것이요 또 '바보'라고 말하는 사람은 지옥 불 속에 던져질 것이다."(새번역)

"그러나 나는 너희에게 말한다. 누구든지 형제에게 이유 없이 화내는 사람은 재판을 받고, 자기 형제를 어리석다고 욕하는 사람은 법정에 끌려가게 될 것이며 '이 미련한 놈아!' 하고 말하는 사람은 지옥 불에 들어갈 것이다."(현대인의 성경)

당신은 어떻습니까? 형제를 향해 욕하지 않았습니까?

세상에서 가장 가까운 형제는 바로 당신 자신입니다. 당신은 자신을 향해 '바보, 미련한 놈, 미친 놈, 얼간이'이라고 말한 적이 없습니까? 공부를 잘하고 못하고를 떠나 하나님은 절대로 당신 자신과 다른 사람에게 그런 말을 하지 말라고 하셨습니다.

교회에 다니는 사람은 불량배처럼 함부로 '이 새끼, 저 새끼' 하며 더러운 욕을 하지는 않지만 교인들끼리 서로 '바보, 미련한 놈, 미친 놈, 얼간이'라고 말하는 사람은 많은 것 같습니다.

목사님은 성도들을 향해 "이것도 못 깨닫느냐? 지난주에 설교했지 않느냐? 하나님의 말씀을 수십 번 반복해서 가르쳐도 또 잊어버리고 실천하지 않는다"라고 투덜거리며 말합니다. 성도들은 목사님을 향해 "목사님은 그것도 몰라. 세상 지식에 너무 어두워, 바보, 멍청이 같아"라고 말합니다. 부모는 자식을 향해 '미친 놈, 얼간이'라고 말하고 자식은 부모를 향해 '바보야, 미련해'라고 말합니다. 그렇게 말하는 순간 자신의 지혜가 어두워집니다.

오늘부터 당신 자신과 주위의 형제를 향한 말을 바꿔야 합니다. 바보, 미련한 놈, 미친 놈, 얼간이'라는 말과 반대되는 말을 해야 합니다. 하나님은 당신에게 이렇게 말씀하십니다.

"너는 천재다. 지혜가 가득하다. 어떤 일이 있어도 오직 그렇게만 생각하고 말해라. 그러면 그대로 될 것이다."

나는 회개하고 잘못된 생각과 말을 바꾸었습니다.

그리고 그날로부터 이렇게 생각하고 말하기 시작했습니다.

"나는 천재다. 내 안에 하나님의 지혜가 가득하다."

성적이라는 현상과 상관없이 매일 그렇게 생각하고 말하면서 자고 깨고 자고 깨고 했는데 어느 날부터 놀라운 기적이 일어났습니다. 내 안에 가득한 지혜가 폭발적으로 나타난 것입니다.

나는 내가 원하는 공부를 쉽게, 잘하게 되었습니다. 또 시험에 나오는 것만 달달 외우고 공부해서 원하는 점수를 쉽게 받아 원하는 학교에 쉽게 진학하게 되었습니다. 모든 것이 술술 풀렸습니다. 내 안에 가득한 지혜가 폭발하니 하루에 수십 권씩 책을 읽고 공부하게 되었습니다. 지금은 1년에 한 권이 아닌 하루에 한 권 책을 쓸 수 있을 정도로 천재적인 지혜가 나타나고 있습니다.

영어를 공부하는 것도 달라졌습니다. 나는 영어 단어 하나 외우는데 수천 번이나 연습장에 쓰고도 돌아서면 까먹는 사람이었습니다. 그런 내가 지금은 영어를 쉽게 읽고 쓰고 말합니다.

어떻게 이런 일이 가능하게 되었을까요?

지혜를 나타내는 방법을 깨달았기 때문입니다.

"나는 다른 것은 잘하지만 영어는 안 돼. 오늘 부로 영어를 때려치울 거야. 아무리 노력해도 안 돼. 이제 그만 스트레스 받자. 영어를 그만 두면 영어로부터 자유로워질 거야."

나는 아무리 해도 안 되는 영어에 대해 포기하고 나 자신에 대해 그렇게 말했지만 하나님은 다음날 다르게 말씀하셨습니다.

'그렇게 생각하지 마라. 너 자신에 대해 영어 천재라고 말해라.'

'너는 바보가 아니다. 영어 천재다.'

그리고 그날 즉시 영어에 대한 눈을 활짝 열어 주셨습니다.

나는 영어에 대한 생각과 말을 바꾸었습니다.

"나는 영어 천재다. 영어는 쉽다."

사실 영어는 아주 쉽습니다. 세계의 영어 인구수는 엄청나게 많은데 제 1언어로 쓰는 사람이 약 3억 3600만 명이고, 제 2언어로 쓰는 사람이 약 4억 3000만 명이나 됩니다. 7억 9000만 명이나 되는 사람들 곧 전 세계 인구 75억 중에 10퍼센트가 넘는 사람들이 영어를 쓰고 있는데 그 중에는 아프리카 사람들과 어린아이들도 많습니다. 미국과 영국, 인도와 필리핀에서는 노숙자도 영어를 말하는 사람이 많습니다. 영어는 세상에서 가장 쉽고 단순한 언어입니다. 방법만 알면 누구나 다 말할 수 있는 언어입니다.

그런데 왜 학교에서 수십 년간 공부한 당신이 영어를 잘 못합니까? 머리가 나빠서가 아닙니다. 영어를 습득하는 방법이 잘못되었기 때문입니다. 하나님이 지혜를 주시면 하루 만에 열립니다.

영어, 일본어, 중국어, 독일어, 프랑스어, 포르투갈어, 러시아어, 이탈리아어, 베트남어 등 모두 하루 만에 열립니다.

오늘부터 이렇게 생각하고 말하고 믿으십시오.

"나는 외국어 천재다. 외국어는 쉽다."

당신이 원하는 언어가 무엇입니까? 다 쉽습니다.

"나는 영어 천재다. 영어는 쉽다."
"나는 일본어 천재다. 일본어는 쉽다."
"나는 중국어 천재다. 중국어는 쉽다."
"나는 프랑스어 천재다. 프랑스어는 쉽다."
"나는 스페인어 천재다. 스페인어는 쉽다."
"나는 독일어 천재다. 독일어는 쉽다."

"나는 베트남어 천재다. 베트남어는 쉽다."
"나는 러시아어 천재다. 러시아어는 쉽다."
"나는 이탈리아어 천재다. 이탈리아어는 쉽다."
"나는 태국어 천재다. 태국어는 쉽다."
"나는 인도네시아어 천재다. 인도네시아어는 쉽다."
"나는 아랍어 천재다. 아랍어는 쉽다."
"나는 몽골어 천재다. 몽골어는 쉽다."
"나는 터키어 천재다. 터키어는 쉽다."
"나는 포르투갈어 천재다. 포르투갈어는 쉽다."

세상의 모든 언어는 쉽습니다. 그들은 다들 잘합니다.

당신이 지금 신학교를 다니고 있습니까? 이스라엘에 살고 있습니까? 히브리어, 헬라어도 모두 쉽다고 믿어야 합니다. 그것은 수준 높은 학문이 아닌 단순한 언어일 뿐입니다. 이렇게 말하세요.

"나는 히브리어 천재다. 히브리어는 쉽다."

"나는 헬라어 천재다. 헬라어는 쉽다."

당신이 전 세계 어느 나라에 있든지 그 나라 언어는 쉽다고 믿어야 합니다. 하나님이 지혜를 주시면 외국어는 하루 만에 열립니다. 외국어는 수십 년간 연구하고 공부해야 그것이 쌓이고 쌓여 어느 날 폭발적으로 열리는 것이 아닙니다. 하루 만에 열리고 그 다음날부터 조금씩 계속 더해 가는 재밌는 게임입니다.

외국어를 습득하는 것은 방법만 알면 정말 재미있고 신납니다.

언어는 무거운 짐이 아닙니다. 어린 아이나 노인 등 누구나 습득하라고 주신 하나님의 선물입니다. 결코 감당치 못할 힘든 노동이나 무거운 짐이 아닙니다. 당신의 생각을 바꾸십시오.

"외국어는 짐이 아닌 선물이다."

초콜릿 선물세트를 받았고 그 선물을 하나씩 뜯어 맛본다는 마음으로 언어를 습득하십시오. 초콜릿 포장지를 까듯이 외국어 한 덩어리마다 싸여 있는 포장지를 까고 입안에 넣고 녹이며 그 맛을 음미하십시오. 언어는 초콜릿보다 훨씬 더 달콤하고 맛있습니다.

"나는 초콜릿보다 더 달콤한 외국어를 맛보고 있다."

외국어는 당신의 입안에 쾌감을 주는 하나님의 황홀한 선물입니다. 외국에 나가면 그 나라 언어를 습득해야 복음을 마음껏 전할 수 있습니다. 언어를 두려워하지 말고 즐기십시오. 성경책도 모두 언어입니다. "외국어는 내 밥이다"라고 말하십시오.

하나님은 태초에 말씀으로 천지를 창조하셨습니다.

"하나님이 가라사대"라고 했습니다. 말씀은 곧 언어입니다.

언어를 통해 세상이 만들어졌습니다. 하나님이 처음 하신 말씀은 "빛이 생겨라"였습니다. 하나님은 '빛'이라는 단어와 '생겨라'는 단어를 가장 먼저 사용하셨습니다. 그러자 실제로 빛이 생겨났습니다. 당신도 하나님처럼 당신이 원하는 것들에 대해 한국어뿐만 아니라 외국어로도 하나씩 말하기 시작해야 합니다.

그래야 당신의 마음과 삶에 그것이 생겨납니다.

외국어를 공부할 때 하나님을 믿고 그분과 함께 하십시오.

언어에 대해 당신 안에 계신 하나님은 어떤 분이실까요?

첫째, 하나님은 모든 언어의 근원이십니다.

둘째, 하나님은 모든 언어의 주인이십니다.

셋째, 하나님은 모든 언어의 천재이십니다.

언어의 천재이신 하나님께서는 그분의 형상을 따라 지음 받은 당신에게도 천재적인 언어의 재능을 주셨습니다. 당신은 바보가 아니라 천재입니다. 당신이 외국어를 습득하지 못한 것은 당신의 머리가 나빠서가 아닙니다. 방법을 몰라서일 뿐입니다.

외국어 습득은 방법만 알면 누구나 쉽게 할 수 있습니다.

내가 총신대학원에 다닐 때 서울대를 졸업한 헬라어 교수님이 내가 쓴 책 〈성령님과 교제하는 방법〉을 선물로 받아 읽고는 내게 이런 말을 했습니다. "김열방 전도사님은 언어의 천재입니다. 한국어를 잘하는 사람은 다른 언어도 다 잘할 수 있습니다."

그때 나는 그 말을 듣고 단순히 기분만 좋았지만 지금은 그 말이 이해가 되고 진실이라는 것을 깨달아 잘 알고 있습니다.

나는 정말로 외국어 천재입니다. 당신도 외국어 천재입니다.

세상에 어려운 언어란 없습니다. 모든 언어는 쉽습니다.

그 나라 사람들은 어린아이부터 노인까지 다 말합니다.

지금 당장 당신이 원하는 외국어를 잘 못한다고 해서 마음에 상처받지 마십시오. 당신의 모든 상처는 예수님께로 옮겨졌습니다. 상처받지 않으면 낙심하지 않게 되고 낙심하지 않으면 포기하지 않게 됩니다. 포기하지 않고 믿으면 기적이 일어납니다.

하나님이 어느 날 하루 만에 외국어를 다 열어 주십니다.

당신의 입에서 외국어가 한국어처럼 줄줄 나오게 될 것입니다.

"우리가 선을 행하되 낙심하지 말지니 포기하지 아니하면 때가 이르매 거두리라."(갈 6:9)

외국어는 하루 만에 열리고 평생 말하는 것이다

당신은 언제 운전 면허증을 땄습니까?

나는 23세에 군대에 있을 때 면허증을 땄습니다.

그리고 지금까지 20년이 넘도록 운전을 즐기고 있습니다.

한번 배운 운전은 잊어 먹은 적이 없습니다. 운전은 쉽고 재미있습니다. 중간에 자동차가 없어서 1, 2년 정도 운전을 쉬었지만 다시 운전해도 아무 상관이 없었습니다. 수동에서 자동으로 바뀌었고 차종도 몇 번이나 바뀌었지만 그래도 괜찮았습니다.

그 당시에는 대부분 '1종 보통' 면허증을 땄기 때문에 나도 그랬는데, 대형 버스 외에는 어떤 차든 조금만 주의해서 운전하면 다 운전할 수 있습니다. 승합차든 트럭이든 운전은 다 쉽습니다.

운전은 하루 만에 면허증을 따고 평생 즐기는 것입니다.

그때나 지금이나 운전 면허증을 따는 것은 쉽습니다. 필기는 최신 문제집을 사서 하루 정도 공부하고 시험을 치면 80점이 넘고 그러면 합격입니다. 실기도 하루나 3일 정도 연습하면 간단하게 합격합니다. 일주일이 걸리면 어떻고 한두 번 떨어지면 어떻습니까? 괜찮습니다. 몇 시간 도로 연수받고 운전하면 됩니다. 해마다 운전면허 습득 과정이 조금씩 달라지지만 그래도 쉽습니다. 누구나 따기 전에는 마음 조리지만 따고 나면 아무것도 아닙니다.

외국어를 습득하는 것도 운전면허 따는 것과 비슷합니다.

한 시간이나 하루 정도 공부하면서 글자와 몇 가지 규칙만 배우고 나면 하루하루 자신이 느낄 정도로 실력이 부쩍부쩍 늡니다.

그렇게 실력이 팍팍 늘어야 외국어를 습득하는 재미가 납니다. 아무리 해도 제자리에 맴돌면 의욕을 상실하게 됩니다. 당신은 어떻습니까? 학교에서 10년, 20년 배웠지만 아직 '기초 단계'가 아닙니까? 외국어 책 한 권 제대로 끝내 보지 못했습니까? 외국어 책도 쉽습니다. 한 시간이나 하루에 한 권씩 뗄 수 있습니다. 나는 영어책도 그렇게 뗐습니다. 영어책을 한 권 사면 맨 끝에서부터 거꾸로 공부하면서 한 시간 만에 전부를 끝내곤 했습니다.

영어책 10권이면 10시간 만에 다 끝낼 수도 있습니다.

영어 책을 쓰는 것도 쉽고 읽는 것도 쉽고 공부하는 것도 쉽습니다. 영어 교재는 내용이 얼마 안 됩니다. 말하는데 필요한 몇 가지 규칙을 가지고 두꺼운 책을 만드는 것입니다. 당신도 얼마든지 한 달 만에 그런 두꺼운 책을 만들 수 있습니다.

어떤 외국어 책이든 쉽습니다. 꼭 필요한 책 몇 권만 사서 쭉 훑어보면서 '이 책이 뭘 말하는가?'를 파악한 후에 첫날부터 말을 습득하기 시작해야 합니다. 외국어는 생각의 표현입니다. 깊이 파고들어야 하는 고대 언어의 암호 해독이 아닙니다.

외국어는 단순히 생각과 말로 습득하는 것입니다.

외국어는 다 알아듣는 것이 먼저가 아닙니다. 입을 열어 말하는 것이 먼저입니다. 당신이 생각하고 말할 수 있는 외국어는 다 들리고 해석이 됩니다. 당신이 생각하지 못하고 말할 수 없는 외국어는 안 들리고 해석도 안 됩니다. 그러므로 먼저 외국어로 생각하고 말하기 시작해야 합니다. 입으로 말하고 손으로 쓰십시오.

처음에는 생소하지만 몇 번 말하면 친숙해집니다. 계속 말하면

익숙해지고 능숙해집니다. 능숙해지면 단숨에 전체를 빨리 말해야 합니다. 단숨에 전체를 빨리 말하면 외국어가 입에 착착 붙습니다. 원어민들은 단숨에 전체를 빨리 말합니다. 강조하는 내용만 천천히 말합니다. 당신도 원어민처럼 빨리 말해야 합니다.

외국어는 한 시간 만에 열리고 평생 즐기는 것입니다.

'하루 만에'라는 것은 사람에 따라 조금씩 다를 것입니다.

어떤 사람은 하루가 한 시간일 수도 있고 3~4시간일 수도 있고 7~10시간일 수도 있습니다. 운전면허 필기시험 책을 공부할 때도 어떤 사람은 한 시간 만에 쭉 훑어보고 시험 쳤는데 금방 이해가 되어 80점을 넘기고 합격할 수 있습니다. 또 어떤 사람은 하루 꼬박 10시간 정도 도서관에 앉아 공부하고 80점을 넘길 수도 있습니다. "나는 일주일이나 걸렸는데요"라고 말하는 사람도 하루에 한 시간 정도 공부해서 일주일이 걸렸을 것입니다. 운전면허 시험 문제집은 몇 시간만 공부하면 대부분 쉽게 합격합니다.

외국어도 그렇습니다.

첫째, 글자를 알고

둘째, 말하는 방법, 곧 몇 가지 규칙만 알면 됩니다.

이 두 가지면 끝입니다. 외국어는 이렇게 하루 만에 열리는 것입니다. 그리고 그것을 연습하면서 평생 일상에서 써먹는 것입니다. "학교에서 죽어라고 외우는 예외의 법칙이 있잖아요?"

셋째, 학교에서 그렇게 강조하며 시험 쳤던 '예외의 법칙'은 외국어로 생각하고 말하고, 책을 읽고 글로 쓰다 보면 하나씩 알게 됩니다. 대화 곧 실전에서 하나씩 깨닫게 됩니다. 운전하는 것과 같습니다. 운전할 때도 예외의 법규가 많으면 안 좋고 대부분은 사고 났을 때 보험사 직원이나 변호사가 알아야 할 것들입니다.

글자도 한두 시간이면 배웁니다. 말하는 규칙도 하루 만에 배울 수 있습니다. 영어 문법책은 '영어를 말하는 몇 가지 규칙'을 담고 있습니다. 하루 만에 다 뗄 수 있습니다. 그렇게 하루 만에 영어가 열리고 매일 입술과 손으로 연습하며 즐기면 됩니다. 말을 하려면 말을 만든 사람이 정한 규칙을 알아야 합니다.

한 가지 예를 들자면, "아버지 / 가방에 들어가신다"로 배운 사람은 50년을 공부해도 안 됩니다. 그 50년이 부족하다며 50년을 더 공부해도 안 됩니다. 자손 삼사 대까지 공부해도 안 되고, 언어학 박사 학위를 100개 받아도 안 됩니다. 처음에 그렇게 잘못 배운 사람은 절대로 외국어로 말할 수 없습니다. 달달 외워서 말해도 그것은 잘못된 문장이므로 의사소통이 안 됩니다.

그런 사람이 "아버지가 / 방에 들어가신다"로 깨달으면 하루 만에 외국어가 열립니다. 그리고 두세 번 연습하면 저절로 습득이 됩니다. 운전면허를 따면 운전하는 것이 쉽듯 외국어도 방법만 알면 정말 쉽습니다. 방법 곧 '규칙'조차도 알고 나면 쉽습니다.

'하루 만에'는 수재의 영역에서는 이해가 안 될 것입니다.

수재들은 뭐든 학교라는 기관을 통해 10년에서 20년 정도는 배워야 직성이 풀리기 때문에 끝도 없이 학교를 다닙니다. 초등학교 6년, 중학교 3년, 고등학교 3년, 대학교 4년 등 모두 합해 20년 정도는 해야 직성이 풀리기 때문에 계속 학교를 진학합니다. 학교를 안 다니면 불안해합니다. 대학원도 한 군데만 수료하고 끝내는 것이 아니라 몇 군데를 더 다닙니다. 평생 학교 가방을 메고 다녀야 마음이 편합니다. 그걸 자랑스럽게 생각합니다.

그렇게 20년 동안 학교를 다녀도 책 한 줄 못 쓰는 사람이 많습니다. 남의 책을 읽고 요약하는 리포터를 쓰고, 남의 자료를 짜깁기하는 논문만 쓸 줄 알지 자기만의 책을 못 쓰는 것입니다.

인생은 수재의 세계만 있는 것이 아니라 영재와 천재의 세계도 있습니다. 영재는 수재가 20년 해야 할 것을 2년 만에 끝낼 수도 있고 천재는 2일이나 2시간 만에 끝낼 수도 있습니다.

실제로 내게 '책쓰기학교' 코칭을 받은 사람은 한 시간 만에 코칭을 다 받고 한 달에 한 권씩 천재적인 책을 마음껏 씁니다. 내게 '강연학교' 코칭을 받은 사람도 한 시간 만에 코칭을 받고 원고 없이도 120분간 천재적인 강연을 합니다. 한번 배우면 평생 잊어먹지 않고 천재적인 원리를 따라 책 쓰기와 강연을 즐깁니다.

어떤 것을 10년, 20년 해도 안 되면 생각과 방법을 바꿔야 합니다. 그래서 깨달음이 중요한 것입니다. 나는 "책을 읽으면서 한 가지라도 깨달음을 얻으면 천년을 더 산 것처럼 행복하다"고 말합니다. 당신도 코칭을 받고 깨달음을 얻고 방법을 바꾸십시오.

"외국어는 하루 만에 열리고 평생 즐기는 것이다."

외국어를 습득하면서 상처받지 마라

당신은 외국어를 습득하면서 상처받은 적이 없습니까?

나는 외국어를 습득하면서 잘 안 되니까 자꾸 상처받았습니다. 그래서 몇 번이나 때려치우고 포기하려고 했습니다.

"왜 이렇게 잘 안 되는 거야? 공부를 해도 해도 끝도 없네. 또다시 시작하는 왕초보 영어책을 붙들고 있어야 된다니."

영어만 아니라 일본어, 중국어, 독일어, 러시아어 등이 모두 그랬습니다. "성령님과 함께 전 세계를 다니며 외국어로 설교한다. 방송국을 인수하고 대형전도집회를 열어 외국어로 복음을 전한다"는 꿈을 갖고 있었지만 넘지 못할 먼 산처럼 느껴졌습니다.

그런 내게 하나님은 "너는 외국어 천재다"라고 말씀하셨습니다. "너는 외국어 천재다. 한 마디만 말해도 잘하는 것이다."

외국어로 말하다가 한 마디 실수를 하면 '나는 바보야. 외국어에 재능이 없는 것 같아'라고 생각했는데 그 생각을 바꾸라고 하셨습니다. 율법은 하나를 어기면 다 어긴 것과 같습니다. 그러므로 율법 마인드로 공부하지 말고 복음 마인드로 공부해야 합니다.

율법은 정죄하지만 복음은 칭찬합니다. 학교에서 외국어를 배울 때 토씨 하나를 틀리면 모두 틀렸다고 줄을 쫙 그어 버리기 때문에 상처받고 혀가 굳어져서 말을 못하게 되는 것입니다. 그런 사람은 외국인이 모두 학교 선생님처럼 무섭게 느껴집니다.

"내가 한 마디 했다가 쫙 그어 버리면 어떻게 하지?"

복음은 그렇지 않습니다. 믿음으로 말한 것을 칭찬합니다.

"네 믿음이 크도다. 네 믿음대로 되라."

"잘 했다. 이만한 믿음을 만난 적이 없다."

"네 믿음이 너를 구원하였다."

복음 안에서 "나는 외국어 천재야"라고 믿고 공부하면 상처받을 일이 없습니다. 성령님의 끊임없는 칭찬과 격려만 있을 뿐입니다. 성령님은 당신이 외국어로 한 마디만 말해도 칭찬하십니다.

"와, 정말 잘했다. 역시 너는 천재야."

아기가 "엄마, 아빠"하고 말하기 시작했을 때 엄마 아빠가 보고 놀라며 "와, 얘 좀 봐. 말하기 시작했어. 천재야"라고 칭찬하는 것과 같습니다. 더 이상 정죄와 책망이 없습니다. 말을 처음 배우는 아기가 상처를 받습니까? 전혀 상처받지 않습니다. 몇 마디만 말하며 자기 의사를 표현해도 "와, 정말 대단해. 어쩜 저렇게 말을 잘할까?"라고 다들 놀라고 대단하다며 그 아이를 칭찬합니다.

당신도 오늘부터 외국어로 말하는 것 때문에 더 이상 상처받지 마십시오. 율법주의 사람들의 판단하고 정죄하고 책망하는 말을 듣지 말고 성령님의 칭찬하시는 세미한 음성만 들으십시오.

'와, 내 아들 김열방이 정말 말을 잘하네. 외국어 천재야.'

성령님은 순간마다 내 마음에 이렇게 말씀하십니다.

'너는 영어 천재다. 일본어 천재다. 중국어 천재다.'

당신은 언어를 습득하는 일이든, 새로운 운동이나 운전면허를 습득하는 일이든, 그것이 무엇이든 상처받을 필요가 전혀 없습니다. 왜냐고요? 당신의 모든 상처가 예수님의 십자가로 옮겨졌기 때문입니다. 당신을 향한 하나님의 뜻은 '항쉬범'입니다. "항상 기뻐하라. 쉬지 말고 기도하라. 범사에 감사하라. 이것이 그리스도 예수 안에서 너희를 향하신 하나님의 뜻이니라."(살전 5:16~18)

외국어를 습득할 때 항상 기뻐하십시오. 쉬지 말고 기도하십오. 범사에 감사하십시오. 그러면 저절로 잘 될 것입니다.

당신이 외국어를 습득하는 이유는 그 외국어로도 성령님과 교제를 나누고 세계 모든 사람에게 복음을 전하기 위함입니다. 외국어로도 항상 기뻐하고 쉬지 않고 기도하고 범사에 감사하기 위해서입니다. 곧 당신의 삶이 더 풍성해지기 위함입니다.

당신은 외국어 천재입니다. 지금 이렇게 말하십시오.

"나는 외국어 천재다. 내 안에 언어 지혜가 가득하다."

어릴 때 바보 같았던 내가 지혜의 문이 열려 지금은 천재적인 삶을 살고 있습니다. 당신도 얼마든지 가능합니다. 지혜의 문이 열리는 비결에 대해 더 자세히 알고 싶으면 〈김열방의 두뇌개발 비법〉을 구입해서 읽어보기 바랍니다. 당신의 인생이 바뀝니다.

결과를 주님께 맡기면 상처받지 않는다

당신은 어떤 일을 하고 상처받은 적이 없습니까?

나는 마음이 여려서 믿음으로 어떤 일을 해 놓고도 상처받은 적이 참 많았습니다. 후회도 많이 했습니다. 하지만 하나님은 그러지 말라고 하셨습니다. 결과를 주님께 맡기라고 하셨습니다.

"믿음으로 했으면 후회하지 말고 상처도 받지 마라."

지금은 어떤 일을 시작할 때부터 그 일을 끝낼 때까지, 또 끝낸 후에도 전혀 상처받지 않습니다. 내 대신 상처받으신 예수님을 바라보기 때문입니다. 당신도 일하면서 상처받지 마십시오.

상처가 생긴다 싶으면 예수 이름으로 명령을 내립니다. "나사렛 예수 그리스도의 이름으로 명하노니 상처는 떠나가라."

당신도 상처받지 마십시오. 맡은 일에 대해 책임감이 강한 것은 좋지만 모든 일을 당신이 정한 높은 수준대로 완벽하게 되어야 한다고 생각하면 스트레스를 받아 병이 생길 수도 있습니다.

하나님이 시킨 일을 믿음으로 순종하고 결과는 주님께 맡기십시오. 모든 결과를 당신이 책임지려고 하지 마십시오.

나는 믿음으로 일하고 결과는 주님께 맡깁니다.

"믿계결주, 믿음으로 계약하고 결과는 주님께 맡긴다."
"믿전결주, 믿음으로 전도하고 결과는 주님께 맡긴다."
"믿설결주, 믿음으로 설교하고 결과는 주님께 맡긴다."
"믿부결주, 믿음으로 부탁하고 결과는 주님께 맡긴다."
"믿기결주, 믿음으로 기도하고 결과는 주님께 맡긴다."

당신의 마음에 있는 모든 짐을 하나님께 맡기십시오.

내가 좋아하는 구절인 시편 55편 22절을 암송하십시오.

"네 짐을 여호와께 맡기라. 그가 너를 붙드시고 의인의 요동함을 영원히 허락하지 아니하시리로다."

당신의 짐을 모두 하나님께 맡기면 의인인 당신은 조금도 요동치 않게 됩니다. 하지만 당신의 짐을 모두 하나님께 맡기지 않으면 당신은 조금씩 요동하게 됩니다. 어떤 길을 선택하겠습니까?

하나님이 하셔야 할 일까지 당신이 붙들고 있지 마십시오.

당신이 해야 할 일은 하나님을 바라보는 것입니다.

하나님을 바라보면 마음에 행복과 기쁨이 가득해집니다.

지금 당장 문제와 사람을 바라보지 말고 그 모든 것을 해결하시는 전능하신 하나님을 바라보십시오. 하나님을 바라보지 않는 것은 자기가 주인 행세하기 때문입니다. 그러면 계속 마음에 상처를 받게 됩니다. 왜 상처받습니까? 상처받는 인생을 졸업하십시오. 당신은 상처받기 위해 태어난 사람이 아닙니다. 상처를 치유하기 위해 태어난 사람입니다. 치유 사역자가 되십시오.

상처받지 않고 행복과 기쁨이 가득한 삶을 사는 것이 당신을 향한 하나님의 뜻입니다. 그래서 "항상 기뻐하라"고 하셨습니다.

사람들의 말은 듣고 잊어버리십시오. 공처럼 멀리 던지십시오.

상처받지 않으려면 주님의 음성에만 귀를 기울여야 합니다.

세상 뉴스를 보면 자꾸 상처받습니다. 성경을 보면 상처받을 일이 없습니다. 오히려 상처가 치료되고 지치고 낙심한 마음이 회복됩니다. 주일에 교회에 가서 복음의 말씀을 들으십시오. 그것이 정신 건강에 가장 좋습니다. 복음은 기쁜 소식입니다.

복음은 무엇입니까? 예수님이 십자가에서 다 이루었다는 것입니다. 그 예수님이 지금 당신 안에 살아 계신다는 것입니다.

오직 예수님만 바라보며 행복하게 살아야 합니다.

사람들에게 상처받을 필요가 없습니다.

상처받는 사람은 자꾸 숨고 도망 다닌다

당신은 상처받고 도망 다닌 적이 없습니까?

나는 사람들에게 상처받고 뒤로 숨은 적이 있습니다.

나는 사람들에게 상처를 많이 받았습니다. 그들이 내게 뭔가 잘못한 것도 아닌데 괜히 나 스스로 상처받았습니다. 나는 그렇게 자꾸 상처받는 것이 싫어서 사람들과의 만남을 멀리했습니다.

당신도 특별한 이유 없이 자꾸 상처를 받지 않습니까?

상처받는 사람은 이유가 없습니다. 잘해 줘도 상처받고 못해 줘도 상처받습니다. 밥을 사줘도 상처받고 밥을 얻어먹어도 상처받습니다. 돈을 줘도 상처받고 돈을 받아도 상처받습니다. 물건을 사도 상처받고 물건을 팔아도 상처받습니다. 말을 해도 상처받고 말을 들어도 상처받습니다. 취직해도 상처받고 퇴직해도 상처받습니다. 함께 있어도 상처받고 떨어져도 상처받습니다.

상처받는 사람은 부부끼리도 끝도 없이 상처받습니다. 부부가 함께 지내며 함께 숨 쉬고 먹고 마시고 잠을 자도 상처받고 한 사람이 죽고 없어져도 자기 때문이라며 또 상처받습니다. 결혼해도 상처받고 함께 살아도 상처받고 이혼해도 상처받고 재혼해도 상처받고 수가 성 여인처럼 남편을 다섯 명이나 바꿔도 계속 상처받습니다. 그런 사람이 예수님을 만난 순간 치유되었습니다.

예수님은 당신의 상처를 치유하시는 분입니다. 수가 성 여인은 예수님을 만난 순간 그 배에서 생수의 강이 흘러나왔습니다. 영원히 목마르지 않게 되었습니다. 결코 굶주리지 않게 되었습니다.

사람들이 상처받는 이유 중에 한 가지는 인정받고자 하는 욕구 때문입니다. 자기가 정한 기준 만큼 인정받지 못한다고 생각되면 상처를 받는 것입니다. 그런 기준을 다 버려야 합니다. 기준이 없으면 상처받을 일이 없습니다. 나도 나 자신에 대해 존중받고 인정받고자 하는 기준이 꽤 높았기 때문에 많은 상처를 받았습니다. 하지만 지금은 다 내려놓았습니다. 나는 군중으로부터 오는 유명세를 따라 살지 않고 조용히 성령님과 인격적으로 교제하면서 행복하게 살고 있습니다. 행복은 하나님의 낯을 보는데서 옵니다.

다윗은 자신의 행복의 근원에 대해 이렇게 고백했습니다.

"다윗이 그를 가리켜 이르되 '내가 항상 내 앞에 계신 주를 뵈었음이여, 나로 요동하지 않게 하기 위하여 그가 내 우편에 계시도다. 그러므로 내 마음이 기뻐하였고 내 혀도 즐거워하였으며 육체도 희망에 거하리니 이는 내 영혼을 음부에 버리지 아니하시며 주의 거룩한 자로 썩음을 당하지 않게 하실 것임이로다. 주께서 생명의 길을 내게 보이셨으니 주 앞에서 내게 기쁨이 충만하게 하시리로다' 하였으므로……."(행 2:25~28)

당신도 당신 앞에 실제로 임하신 하나님의 낯을 바라보면 기쁨이 가득해지게 됩니다. 더 이상 상처받지 않습니다. 그분으로 인한 만족감 때문에 모든 생활에 즐거움을 누리게 됩니다. 기쁨이 충만한 삶의 비결은 성령님을 인격적으로 존중히 모시는데 있습니다. 당신도 순간마다 당신 앞에 계신 성령님을 바라보십시오.

그렇다고 아무도 안 만나고 숨어 지내라는 말이 아닙니다.

그러면 하나님의 일이 중단되고 말 것입니다.

나는 혼자 조용하게 지내지만 성령님의 음성을 들으면 즉시 순종하고 바깥으로 나가 실천합니다. 지금까지 그렇게 해서 모든 응답과 복을 받았습니다. 하나님이 말씀하실 때는 바로 순종하고 움직여야 합니다. 결코 내일로 미루지 말아야 합니다.

"나는 상처받아서 너무 힘들어. 다음부터는 절대로 앞에 나서지 않을 거야. 내가 아니어도 이 일을 할 사람은 많아."

그렇지 않습니다. 하나님은 세상에 당신 한 명밖에 없는 것처럼 당신을 소중히 여기시고 당신에게 중대한 일을 맡기십니다.

상처받았다고 도망 다니지 마십시오. 사도 바울이 "나는 일체의 비결을 배웠다"고 말한 것처럼 당신도 상처를 해결하는 방법을 배우십시오. 풍부에 처할 때나 빈곤에 처할 때나 상처받지 않는 비결을 배우십시오. 그것이 무엇일까요? 그리스도를 바라보는 것입니다. 당신 대신 모든 상처를 받으신 그리스도를 바라보십시오.

"믿음의 주요 또 온전하게 하시는 이인 예수를 바라보자. 그는 그 앞에 있는 기쁨을 위하여 십자가를 참으사 부끄러움을 개의치 아니하시더니 하나님 보좌 우편에 앉으셨느니라."(히 12:2)

예수님이 당신의 모든 상처를 다 가져가셨습니다. 상처받을 때마다 "내 상처가 예수님께로 옮겨졌어. 나는 어떤 말에도 상처받지 않아. 하나님이 내게 어떤 말씀을 하셔도 나는 상처받지 않고 즐겁게 순종할 거야. 사람들이 내게 어떤 비판을 해도 나는 상처받지 않고 춤을 출 거야. 그 상처는 나와 상관없어. 나는 그리스도 안에 있기 때문에 모든 상처는 그리스도가 대신 받으셨어."

상처받지 않는 사람이 하나님의 큰일을 할 수 있습니다.

상처받은 사람은 도망 다닙니다. 선지자 요나가 그랬습니다.

요나는 하나님의 음성을 들었지만 그것이 자기 마음에 들지 않았습니다. 자기가 미워하는 원수의 나라로 가서 회개의 말씀을 전하라는 것이었기 때문입니다. 요나는 도망갔습니다. 배 밑에 숨어 지냈습니다. 당신도 요나처럼 하나님의 음성과 전혀 다른 곳으로 도망 다니지 않습니까? 배 밑에 숨어 지내지 않습니까? 빛 가운데 거하지 않고 어둠 가운데 거하고 있지 않습니까?

"나는 아무도 안 만날 거야. 어둠 가운데 숨어 있을 거야."

그런 요나를 하나님이 찾아내셨고 바다에 빠뜨리셨습니다.

요나는 물고기 뱃속에서 회개하였고 "나를 건져내 주셔서 감사합니다. 나는 이미 구원받았습니다. 주님을 찬송합니다"라고 믿음의 기도를 드렸습니다. 믿음의 기도에는 큰 능력이 있습니다.

믿음의 기도에 물고기가 견디지 못하고 요나를 토해 냈습니다.

요나는 니느웨 성에 가서 말씀을 외쳤습니다.

하나님이 당신에게 말씀하시면 첫째, 일단 가야 합니다. 둘째, 그곳에 발을 내디뎌야 합니다. 셋째, 입을 열어 말해야 합니다.

그러면 기적이 일어납니다. 온 성이 베옷을 입고 회개했습니다. 그 일은 요나가 한 것이 아니라 하나님이 하신 일입니다.

당신은 작은 순종을 하지만 하나님은 큰일을 행하십니다.

하나님은 지금도 당신을 통해 하실 일이 많습니다. 당신을 통해 도시와 나라와 세계에 큰 부흥을 일으키기를 원하십니다. 하지만 당신이 상처받기 싫다며 하나님의 음성에 불순종하고 반대쪽으로 도망가고 사람들을 피하고 숨어 지낸다면 하나님은 당신을 통해 더 이상 아무 일도 하실 수 없습니다. 등불을 켜서 마루 아래 두는 사람은 없습니다. 등경 위에 둡니다. 당신은 어디에 있습니까? 어둠 가운데 숨어 있지 말고 빛 가운데로 나타나십시오.

하나님은 박해자를 통해 당신을 성장시키신다

당신에게 상처 준 사람을 모두 용서하십시오.

나는 내게 상처 준 사람을 모두 주 안에서 용서했습니다.

용서는 감정이 아닌 믿음입니다. 감정과 상관없이 "나는 믿음으로 그 사람을 용서했어. 그 사람의 허물은 십자가에 모두 못 박혔어"라고 말하며 시간과 공간을 초월해 성령 안에서 '믿음의 용서'를 해야 합니다. 그러면 그 사람에 대한 나쁜 감정이 사라집니다. 그 사람의 일시적인 행동을 통해 당신은 많은 깨달음을 얻게 되고 당신의 마음과 사업이 날마다 더 크게 성장할 것입니다.

당신의 지경을 더 넓히려고 하나님이 그 사람을 잠깐 동안 허락하신 것입니다. 초대 교회를 박해하는 사람들도 많았지만 결국 그들을 통해 초대 교회는 세상으로 다 흩어져 더 강력하게 복음을 전했습니다. 초대 교회 때의 박해는 하나님의 뜻이었습니다.

"과연 헤롯과 본디오 빌라도는 이방인과 이스라엘 백성과 합세하여 하나님께서 기름 부으신 거룩한 종 예수를 거슬러 하나님의 권능과 뜻대로 이루려고 예정하신 그것을 행하려고 이 성에 모였나이다."(행 4:27~28)

박해받은 예루살렘 교회는 무엇을 했습니까? 온 교인이 모여 하나님의 능력이 나타나게 해 달라고 간절히 기도했습니다.

"주여, 이제도 그들의 위협함을 굽어 보시옵고 또 종들로 하여금 담대히 하나님의 말씀을 전하게 하여 주시오며 손을 내밀어 병을 낫게 하시옵고 표적과 기사가 거룩한 종 예수의 이름으로 이루어지게 하옵소서 하더라."(행 4:29)

그 결과가 어땠습니까? 교회가 폭발적으로 성장했습니다.

첫째, 교회에 하나님의 영광이 나타났습니다.

"빌기를 다하매 모인 곳이 진동하더니."(행 4:31)

둘째, 교회가 다 성령 충만하여 전도했습니다. "무리가 다 성령이 충만하여 담대히 하나님의 말씀을 전하니라."(행 4:31)

셋째, 교회가 한 덩어리가 되었습니다. "믿는 무리가 한마음과 한 뜻이 되어 모든 물건을 서로 통용하고 자기 재물을 조금이라도 자기 것이라 하는 이가 하나도 없더라."(행 4:32)

넷째, 큰 권능이 나타났습니다. "사도들이 큰 권능으로 주 예수의 부활을 증언하니 무리가 큰 은혜를 받아……."(행 4:33)

다섯째, 교회가 부요해졌습니다. "그 중에 가난한 사람이 없으니 이는 밭과 집 있는 자는 팔아 그 판 것의 값을 가져다가 사도들의 발 앞에 두매 그들이 각 사람의 필요를 따라 나누어 줌이라."(행 4:34~35)

여섯째, 큰 무리가 교회로 나왔습니다. "믿고 주께로 나아오는 자가 더 많으니 남녀의 큰 무리더라."(행 5:14)

일곱째, 병든 사람이 다 나음을 얻었습니다. "심지어 병든 사람을 메고 거리에 나가 침대와 요 위에 누이고 베드로가 지날 때에 혹 그의 그림자라도 누구에게 덮일까 바라고 예루살렘 부근의 수

많은 사람들도 모여 병든 사람과 더러운 귀신에게 괴로움 받는 사람을 데리고 와서 다 나음을 얻으니라."(행 5:15~16)

이것이 교회를 향한 하나님의 초자연적인 은혜입니다.

큰 핍박으로 인해 하나님의 말씀과 교회가 망한 것이 아니라 더욱 세력을 얻고 왕성해졌습니다. 놀랍지 않습니까?

예수를 박해하다가 다메섹 도상에서 변화된 사도 바울도 많은 박해를 받았습니다. 하지만 그런 박해를 통해 바울의 사역이 망한 것이 아니라 더 강해졌고 지경이 더 넓어졌습니다. 많은 경우 성령의 파도는 박해의 바람을 통해 더 크게 일어납니다.

바울은 박해받을 때 기뻐했습니다. 당신도 기뻐하십시오.

당신이 박해받고 힘들어하는 것을 하나님이 다 지켜보고 계십니다. 그리고 때가 되면 그 모든 박해에서 당신을 건지실 것입니다. "박해를 받음과 고난과 또한 안디옥과 이고니온과 루스드라에서 당한 일과 어떠한 박해를 받은 것을 네가 과연 보고 알았거니와 주께서 이 모든 것 가운데서 나를 건지셨느니라."(딤후 3:11)

박해받을 때 기뻐하고 감사하고 덩실덩실 춤을 추십시오.

"인자로 말미암아 사람들이 너희를 미워하며 멀리하고 욕하고 너희 이름을 악하다 하여 버릴 때에는 너희에게 복이 있도다. 그 날에 기뻐하고 뛰놀라. 하늘에서 너희 상이 큼이라. 그들의 조상들이 선지자들에게 이와 같이 하였느니라."(눅 6:22~23)

하나님이 박해자를 허락하시는 이유가 무엇일까요?

그 박해자를 통해 당신의 마음을 넓히시고 당신의 사역의 지경을 넓히기 위해서입니다. 박해받을 때 당신은 점점 작아지는 것이 아니라 점점 더 커집니다. 아브라함, 이삭, 야곱, 요셉, 모세, 다윗, 솔로몬, 욥 등이 모두 박해를 받았지만 그들의 지경은 날이 갈수록 더 넓어졌습니다. 박해받았다고 망하지 않았습니다.

당신은 절대로 망하지 않습니다. "박해를 받아도 버린 바 되지 아니하며 거꾸러뜨림을 당하여도 망하지 아니한다."(고후 4:9)

당신도 지금 이유를 알 수 없는 박해를 받고 있습니까?

그 박해를 통해 당신이 크게 성장하고 있습니다. 근심하지 말고 기뻐하십시오. 그 기간 동안 마음에 상처를 받지 마십시오.

"저 놈의 원수, 미워 죽겠네. 이가 뿌드득뿌드득 갈려."

"살다 보니 별 미친놈을 다 보겠네. 죽여 버리고 싶어."

그런 생각하지 말고 그들을 위해 기도하며 예수 이름으로 축복하십시오. 그들을 저주하면 그 저주가 당신에게 먼저 임할 것입니다. 그들을 축복하면 그 축복이 당신에게 먼저 임할 것입니다.

그들을 축복하고 용서하고 사랑하십시오.

"내가 너희에게 종이 주인보다 더 크지 못하다 한 말을 기억하라. 사람들이 나를 박해하였은즉 너희도 박해할 것이요 내 말을 지켰은즉 너희 말도 지킬 것이라. 너희를 박해하는 자를 축복하라. 축복하고 저주하지 말라."(요 15:20, 롬 12:14)

당신을 박해하는 사람을 축복하십시오. 그리고 당신이 받는 박해도 축복하십시오. 박해를 허락하신 하나님께 감사하십시오.

왜냐고요? 그런 박해를 통한 환난도 하나님이 허락하셨기 때문에 가능한 것입니다. 하나님은 환난도 창조하셨다고 했습니다. "나는 빛도 짓고 어둠도 창조하며 나는 평안도 짓고 환난도 창조

하나니 나는 여호와라. 이 모든 일들을 행하는 자니라."(사 45:7)

우리는 하나님이 빛과 평안만 지었다고 생각하지만 그렇지 않습니다. 하나님은 어둠과 환난도 창조하셨습니다. 하나님이 당신의 삶에 일어난 모든 일을 행하시는 분입니다. 그러므로 그 모든 일에 감사하며 여호와를 인정해야 합니다. 그러면 그분이 당신을 인도하시며 모든 일을 합력하여 선을 이루실 것입니다. "너는 범사에 그를 인정하라. 그리하면 네 길을 지도하시리라."(잠 3:6)

원망하지 말고 모든 일에 하나님을 인정하십시오.

"왜 내게 이런 일이 일어난 거야. 날이 갈수록 더 심하네."

현상을 말하지 말고 믿음을 말하십시오.

"내가 다 이해할 순 없지만 하나님이 지금도 인도하고 계셔. 하나님, 억만 번이나 감사합니다. 하나님을 더욱 경외합니다."

당신에게 상처 준 사람들을 다 용서하라

당신은 당신에게 상처 준 사람을 모두 용서했습니까?

한두 번이 아니라 억만 번이나 상처를 준 사람까지도 모두 용서했습니까? 사실 당신에게 억만 번이나 상처를 준 사람이 누가 있겠습니까? 아마 없을 것입니다. 겨우 한두 번 상처를 주었을 것입니다. 그런데도 그 사람이 너무 크게 느껴져 생각날 때마다 이를 갈았을 것입니다. 그 사람의 상처도 예수님이 십자가에서 다 가져갔습니다. 그러므로 이제 그만 이를 갈고 용서하십시오.

나는 그들을 모두 용서했습니다. '용서한 사람 목록'에 한 명씩 이름을 적어 가며 구체적으로 용서했습니다. 마음속 깊은 곳에 오랫동안 품고 있었던 미운 사람들을 다 용서했습니다. 그리고 성령님의 음성을 따라 그들을 찾아가 만났고 껴안았습니다.

나도 그들을 용서하는 것이 참 힘들었습니다. 그들이 떠오를 때마다 몸이 떨렸고 게다가 그들이 꿈에도 자주 나타났습니다.

"내가 싫어하는 사람인데 왜 자꾸 꿈에 나타나는 거야? 꿈속에서도 보기 싫은 사람인데 또 꿈에 나타났네. 아, 기분 나빠."

그러던 어느 날, 나는 그들을 모두 용서하기로 했습니다.

왜일까요? 그들의 허물조차도 예수님이 십자가에서 다 담당하셨다는 것을 깨달았기 때문입니다. "그가 찔림은 우리의 허물 때문이요 그가 상함은 우리의 죄악 때문이라."(사 53:5)

'나만의 허물과 죄악 때문에' 예수님이 찔리고 상하신 것이 아니라 '우리의 허물과 죄악 때문에' 예수님이 찔리고 상하셨음을 깨달았습니다. 예수님이 상하신 것은 우리 모두의 허물 때문입니다. 그러므로 우리 모두의 허물을 용서해야 합니다. 그러면 더 이상 그 사람이 밉지 않고 또 내 마음에 상처도 없게 됩니다.

하나님이 용서하신 사람을 용서하지 못하는 당신은 누굽니까?

하나님이 그 사람을 용서하셨으니 당신도 용서해야 합니다.

그렇지 않으면 당신은 큰 고통을 당하게 될 것입니다.

용서하십시오. 용서는 자기를 위해 하는 것입니다. 상처 준 모든 사람을 용서하고 더 이상 상처받지 말아야 합니다.

이렇게 믿고 말하십시오.

"내 사전에 상처는 없다. 예수님이 대신 받으셨다."

그리스도 안에 있으면 상처받지 않는다

당신은 홍수 같은 상처를 경험한 적이 있습니까?

나도 나름 많은 상처를 경험했다고 하지만 그 정도로 많은 상처를 당한 적은 없었던 것 같습니다. 수십 년간 인생을 살다 보면 한두 번 정도 홍수처럼 큰 상처를 받을 때가 있을 것입니다.

언제 홍수 같은 상처를 받게 될까요? 간절히 바랐던 입학시험에서 떨어졌을 때, 친한 친구로부터 오해를 받고 원수가 되었을 때, 몇 개월 동안 품고 있던 아기를 유산했을 때, 원치 않는 결혼과 이혼을 하게 되었을 때, 사랑하는 가족이 갑자기 큰 병이나 사고로 죽었을 때, 잘 나가던 사업이 부도로 한순간에 무너졌을 때 홍수 같은 상처가 밀려오게 됩니다. 욥의 인생이 그랬습니다.

욥은 아라비아 우스에 사는 의인으로 큰 재산가였고 자녀가 많은 중에도 변함없이 여호와를 경외했습니다. 그런 욥이 사탄의 공격으로 인해 한순간에 모든 재산과 자녀를 잃었고 아내도 욕을 하며 떠나갔습니다. 친구들이 끝도 없이 그를 비난했습니다. 홍수 같은 엄청난 상처가 밀려왔지만 욥은 상처받지 않았습니다.

왜 그럴까요? 욥이 하나님과 교제하며 그분에 음성에 귀를 기울였기 때문입니다. 당신도 상처받지 않으려면 사람들의 말을 작게 여기고 하나님의 음성을 크게 여겨야 합니다.

노아는 홍수 같은 환난을 당했습니다. 하지만 그는 하나님의 보호하심을 받았습니다. 하나님의 음성을 따라 방주를 지었기 때문입니다. 방주는 '그리스도'를 상징합니다. 당신도 방주이신 그리스도 안에 있으면 모든 환난과 상처로부터 보호를 받습니다.

당신도 살든지 죽든지 먹든지 마시든지 오직 그리스도 안에 거하십시오. 상처가 홍수처럼 밀려온다고 느껴지면 "그리스도가 나를 완전히 덮고 계시므로 내 안에 상처의 홍수가 들어오지 못한다"고 믿고 말하십시오. 그러면 안전할 것입니다.

"아담 안에서 모든 사람이 죽은 것 같이 그리스도 안에서 모든 사람이 삶을 얻으리라."(고전 15:22)

당신은 그리스도 안에서 풍성한 생명을 누리게 됩니다.

그리스도 안에서 의로워지고 성령 충만해지고 건강해지고 부요해지고 지혜로워지고 평화를 누리고 생명을 누립니다. 그리스도 안에서 슬픔이 사라지고 기쁨이 풍성해지며, 그리스도 안에서 상처가 사라지고 사귐이 풍성해지며, 그리스도 안에서 고민이 사라지고 감사가 풍성해집니다. 그리스도 밖에 있을 때 홍수처럼 밀려왔던 슬픔과 상처와 고민이, 그리스도 안에 있을 때 방주처럼 보호받고 기쁨과 사귐과 감사로 가득해집니다.

노아의 홍수 때 물이 150일간 땅에 넘쳤지만 방주 안에는 한 방울도 들어오지 못했습니다. 이 얼마나 놀라운 일입니까? 당신의 땅에도 환난과 비난, 상처의 홍수가 150일간 넘칠 수 있지만 '그리스도'라는 방주 안에 있으면 한 방울도 들어오지 못합니다.

하나님이 당신을 눈동자처럼 지키고 계십니다. 아멘.

모든 공급은 사귐을 통해 얻는다: 사귀라

당신은 상처받았다며 사귐을 끊지 않았습니까?

나도 예전에는 사람들과의 사귐을 끊은 적이 있습니다.

내가 상처받았다고 여겼기 때문에, 또 내가 상처받을까 봐 두려워서 사귐을 끊었던 것입니다. 그리고 혼자 따로 떨어져서 지냈습니다. 그렇게 혼자 생활하면 상처받을 일이 없지만 사귐을 통한 공급도 끊어지기 때문에 성장과 발전이 멈추게 됩니다.

당신은 사귐이 얼마나 중요한지 꼭 기억해야 합니다.

"사귐을 통해 공급하심을 얻는다."

모든 공급하심은 사귐을 통해 얻습니다. 사귐이 끊어지면 물질적인 공급뿐만 아니라 지혜와 지식의 공급도 끊어집니다. 그러므로 지속적인 하나님과의 사귐, 주의 종과의 사귐, 부모 형제와의 사귐, 친척 친구들과의 사귐은 매우 중요합니다.

당신은 어떤 사귐이 끊어졌습니까? 왜 상처받았습니까?

상처받지 않는다면 모든 사귐은 영원히 지속됩니다.

친밀한 사귐이 지속되면 성장과 발전도 지속됩니다.

만남에서 상처받는 이유는 자기가 정한 기준 때문입니다.

자기 기준을 다 내려놓으면 상처받을 일도 없습니다.

문둥병을 고치러 간 나아만 장군은 엘리사 선지자의 말을 듣고 자기 기준에 맞지 않는다고 여기며 마음에 큰 상처를 받았습니다.

그 순간 분노가 머리끝까지 치밀어 올랐고 등을 돌렸습니다.

"나아만이 노하여 물러가며 이르되 '내 생각에는 그가 내게로 나와 서서 그의 하나님 여호와의 이름을 부르고 그의 손을 그 부위 위에 흔들어 나병을 고칠까 하였도다. 다메섹 강 아바나와 바르발은 이스라엘 모든 강물보다 낫지 아니하냐? 내가 거기서 몸을 씻으면 깨끗하게 되지 아니하랴?' 하고 몸을 돌려 분노하여 떠나니……."(왕하 5:11~12)

그때 그의 종들이 나아와서 달래며 말했습니다.

"내 아버지여, 선지자가 당신에게 큰일을 행하라 말하였더면 행하지 아니하였으리이까 하물며 당신에게 이르기를 씻어 깨끗하게 하라 함이리이까 하니 나아만이 이에 내려가서 하나님의 사람의 말대로 요단강에 일곱 번 몸을 잠그니 그의 살이 어린 아이의 살 같이 회복되어 깨끗하게 되었더라."(왕하 5:13~14)

당신도 하나님의 종이 한 말이 당신의 기준에 맞지 않는다고 분노하며 등을 돌리고 떠난 적이 없습니까? 그렇게 떠나면서 당신이 대단한 인물인 줄로 착각하지 마십시오. 다른 곳에 가서도 똑같은 일이 반복될 것입니다. 누가 무슨 말을 하든지 상처받지 않고 당신의 문둥병을 고치는 것이 가장 중요합니다.

예수님께 나아온 사람들은 상처받지 않았습니다. 가나안 여인을 보십시오. 예수님께 '개 같은 여자'라는 말을 들었지만 상처받지 않고 자신이 원하는 것을 얻어냈습니다.(마 15:21~28)

하나님과 주의 종이 당신의 자존심을 상하게 했습니까?

그래도 상처받지 말고 믿음을 지키십시오. 그러면 구원받고 치료받습니다. 예수님께 칭찬받고 모든 소원이 이루어집니다.

당신을 억만 번이나 축복합니다.

당신에게 상처 준 사람을 용서하라

귀한 그릇과 천한 그릇, 둘 다 필요하다

가장 가까이 있는 가족에게 상처를 입었다고요?

지금 이 시간에 그들의 허물과 죄를 예수 이름으로 다 용서하십시오. 그리고 그들의 이름 옆에 "용서했음" 하고 적으십시오.

하나님은 그분의 뜻을 성취하기 위해 다양한 사람들을 세우셨습니다. 그리고 당신이 예기치 못한 일들이 일어나도록 허락하셨고 그 모든 일을 통해 하나님의 큰 꿈과 계획을 이루십니다.

하나님이 어떤 사람을 세우셨을까요?

첫째, 하나님이 모세를 택하여 그분의 종으로 세우셨습니다.

"모세에게 이르시되 '내가 긍휼히 여길 자를 긍휼히 여기고 불쌍히 여길 자를 불쌍히 여기리라' 하셨으니 그런즉 원하는 자로 말미암음도 아니요 달음박질하는 자로 말미암음도 아니요 오직 긍휼히 여기시는 하나님으로 말미암음이니라."(롬 9:15~16)

둘째, 하나님은 모세만 아니라 적인 바로 왕도 세우셨습니다.

"성경이 바로에게 이르시되 '내가 이 일을 위하여 너를 세웠으니 곧 너로 말미암아 내 능력을 보이고 내 이름이 온 땅에 전파되게 하려 함이라' 하셨으니 그런즉 하나님께서 하고자 하시는 자를 긍휼히 여기시고 하고자 하시는 자를 완악하게 하시느니라. 토기장이가 진흙 한 덩이로 하나는 귀히 쓸 그릇을, 하나는 천히 쓸 그릇을 만들 권한이 없느냐? 만일 하나님이 그의 진노를 보이시고 그의 능력을 알게 하고자 하사 멸하기로 준비된 진노의 그릇을 오래 참으심으로 관용하시고 또한 영광 받기로 예비하신 바 긍휼의 그릇에 대하여 그 영광의 풍성함을 알게 하고자 하셨을지라도 무슨 말을 하리요."(롬 9:17~18, 21~23)

놀랍지 않습니까? 지금 당신에게는 어떤 적이 있습니까?

그 적 때문에 두려워 떨고 트라우마에 시달리며 잠을 못 이루지 않습니까? 두려워하지 말고 그 적을 인정하십시오. 왜일까요?

하나님이 그분의 능력을 나타내 보이려면 적도 있어야 하기 때문입니다. 기독교에는 적이 있습니다. 사탄입니다. 악의 영들과 미혹의 영들입니다. 귀신들입니다. 예수 그리스도가 육체로 오신 것을 부인하는 적그리스도입니다. 하지만 이들을 통해 교회가 망하는 것이 아니라 더욱 강해지고 견고해지고 부흥된다는 사실을 알아야 합니다. 초대교회 때부터 지금까지 교회는 심한 핍박이 일어날 때마다 더 크게 부흥되었습니다. 핍박의 바람이 불 때 그보다 억만 배나 더 큰 부흥의 바람도 분다는 것을 기억하십시오.

"핍박의 바람이 불 때 성령의 바람이 더 크게 분다."

당신의 사역에도 그런 적들이 있다는 것을 알아야 합니다.

많은 사람들이 자기 일생에는 좋은 일만 있기를 원합니다. 그러면 얼마나 좋겠습니까? 하지만 때로는 예수님께도 바람도 불었고 풍랑도 일었습니다. 예수님은 그것들을 향해 명령하셨습니다.

"예수께서 깨어 바람을 꾸짖으시며 바다더러 이르시되 '잠잠하라. 고요하라' 하시니 바람이 그치고 아주 잔잔하여지더라. 이에 제자들에게 이르시되 '어찌하여 이렇게 무서워하느냐? 너희가 어찌 믿음이 없느냐?' 하시니 그들이 심히 두려워하여 서로 말하되 '그가 누구이기에 바람과 바다도 순종하는가' 하였더라."(막 4:39~41)

그 사건을 통해 예수님의 존재가 더 크게 드러났습니다.

하나님은 그 모든 것을 합력해서 선을 이루셨습니다.

인생은 점이 아니라 선이다. 길게 보라

당신은 지금 어떤 문제 때문에 괴로워하고 있습니까?

모든 것을 합력하여 선을 이루시는 하나님을 믿으십시오.

어떤 사람은 하나님께서 모든 것이 합력해서 선을 이룬다는 생각을 하지 못한 채 겉으로 드러난 현상만 갖고 힘들어합니다.

인생은 점이 아니라 선입니다. 그러므로 코앞에 있는 점만 보며 힘들어하지 말고 긴 선을 보십시오. 지금은 당신에게 일어난 그 일이 당장은 이해가 되지 않고 괴롭겠지만 시간이 지나면 그 모든 일이 하나님의 계획이었다는 것을 알게 될 것입니다.

요셉은 창세기 50장 20절에 이렇게 고백했습니다.

"당신들은 나를 해하려 하였으나 하나님은 그것을 선으로 바꾸사 오늘과 같이 많은 백성의 생명을 구원하게 하시려 하셨다."

하나님은 당신에게 일어난 모든 일을 선으로 바꾸십니다.

당신에게 몹쓸 짓을 저지른 사람을 용서하라

당신에게 몹쓸 짓을 저지른 사람은 누구입니까?

하나님께서는 "그들의 허물과 죄를 지금 다 용서하라"고 말씀하십니다. 이 말씀에 순종하십시오. 사랑이 한없이 많으신 하나님께서는 큰 사랑으로 당신의 모든 죄악과 허물을 용서해 주셨습니다. 그러므로 당신도 그들을 용서하는 것이 마땅합니다.

왕에게 일만 달란트(15조 원) 빚을 탕감 받은 신하가 일백 데나리온(천만 원) 빚진 친구를 불쌍히 여기는 것은 당연한 것입니다. 당신은 일만 달란트 정도가 아닌 억만 달란트나 되는 큰 죄를 모두 용서받았습니다. 당신은 죄로 말미암아 형벌을 받고 영원한 불 못인 지옥에 떨어져야 할 사람인데 만왕의 왕이신 하나님이 그 아들 예수 그리스도의 십자가의 보혈의 은혜로 말미암아 용서해 주셨습니다. 예수님의 피를 보혈이라고 합니다. 보혈 곧 '보배로운 피'는 억만 달란트 이상의 어마어마한 값입니다. 당신은 억만 달란트 이상의 엄청난 빚을 은혜로 탕감 받은 것입니다. 그런데 왜 한 달란트(15억)도 탕감해 주지 못합니까? 탕감해 주십시오.

형제를 불쌍히 여기십시오.

형제의 빚을 내일로 미루지 말고 오늘 탕감해 주십시오.

형제의 허물을 내일 덮어 주지 말고 오늘 덮어 주십시오.

형제의 죄를 내일 용서하지 말고 오늘 용서하십시오.

형제에게 긍휼과 자비와 사랑을 베푸십시오.

형제에게 먼저 찾아가 손을 내미십시오.

금이 가고 깨어진 관계를 회복하십시오.

요셉은 형제의 허물과 죄를 모두 용서했습니다.

율법의 행위로는 의롭다 함을 얻을 사람이 세상에 단 한 사람도 없습니다. 율법 앞에서는 모두 정죄 받고 심판받습니다.

당신은 율법이 아닌 은혜로 의롭다 함을 얻었습니다.

요셉도 율법의 행위로 의롭다 함을 받은 사람이 아닙니다. 하나님의 은혜를 믿음으로 의롭다 함을 얻은 사람입니다. 그런 그가 어릴 때는 마음이 완고했고 형제의 허물을 보면 용서하지 못했습니다. 그는 의분이 가득한 사람이었습니다. 그래서 날마다 아버지 야곱에게 달려가서 형들의 허물을 고자질했습니다.

"형들이 이런 나쁜 짓을 저질렀어요. 어쩜 그럴 수 있어요? 저는 그런 것을 보면 도저히 못 참아요. 공의롭게 심판해야 해요."

물론 허물과 죄에 대해 공의롭게 심판해야 합니다. 하지만 그렇게만 따지면 당신도 허물과 죄가 있기 때문에 심판과 형벌을 받아야 합니다. 율법 앞에서는 의로운 사람이 한 명도 없습니다. 공의로우신 하나님은 그 모든 허물과 죄를 그분의 독생자 예수에게 짊어지워 대신 심판하고 형벌을 내렸습니다.

세례 요한이 요단강에 오시는 예수님을 보며 외쳤습니다.

"보라, 세상 죄를 지고 가는 하나님의 어린양이다."

요셉의 마음이 얼마나 완고하고 기준이 높았는지 모릅니다.

하나님은 그런 요셉의 기준을 다 깨뜨리셨습니다.

당신의 마음도 완고하지 않습니까? 너그러워지십시오.

자비를 베푸십시오. 자비(慈悲)는 이런 뜻이 있습니다.

"남을 깊이 사랑하고 가엾게 여김. 그렇게 여겨 베푸는 혜택."

하나님은 당신을 깊이 사랑하고 가엾게 여기셨습니다. 그렇게 여겨 큰 은혜를 베푸셨습니다. 이를 위해 예수님이 십자가에서 피와 땀과 눈물을 다 쏟으며 값을 지불하셨습니다. 당신은 예수 그리스도를 통해 의와 은혜의 선물 등 많은 혜택을 받았습니다.

당신은 그리스도 안에서 하나님의 자녀가 되었습니다.

당신은 자비가 많으신 하나님의 자녀입니다. 하나님 아버지가 자비로우신 것처럼 당신도 자비로운 사람이 되어야 합니다. "너희 아버지의 자비로우심 같이 너희도 자비로운 자가 되라."(눅 6:36)

형제를 깊이 사랑하고 가엾게 여기십시오.

형제의 허물을 보아도 말로 옮기지 마라

당신은 형제의 허물을 보면 입을 열고 떠들지 않습니까?

좋아라고 여기저기 주위 사람들에게 마구 옮기지 않습니까?

왜 그런 나쁜 짓을 합니까? 형제의 허물은 덮어 주어야 합니다. 마음에 품지도 말고 즉시 털어야 합니다. 허물은 순식간에 자리 잡고 뿌리를 내립니다. 지금 당장 이렇게 명령하십시오.

"나사렛 예수 그리스도의 이름으로 명하노니 형제의 허물은 내 마음에 자리 잡지 말고 당장 사라져라."

허물은 열매 맺지 못하는 무화과나무와 같습니다. 그런 나무를 보신 예수님은 저주하셨습니다. 그 즉시 뿌리째 말라 죽었습니다.

당신도 열매 맺지 못하는 무화과나무와 같은 허물을 향해 명령을 내리십시오. 다시 한번 소리 내어 중얼거리며 따라 하십시오.

"내가 본 허물은 나사렛 예수 그리스도의 이름으로 명하노니 내 마음에 자리 잡지 말고 당장 사라져라. 말라 죽어라."

형제의 허물을 주위 사람에게 말하면 아무 상관도 없는 그들이 선입견을 가지게 형제를 보게 되고 마음에서 원수로 여기게 됩니다. "허물을 덮어 주는 자는 사랑을 구하는 자요 그것을 거듭 말하는 자는 친한 벗을 이간하는 자니라"(잠 17:9)고 했습니다.

이간질은 마귀가 하는 짓입니다. 형제의 허물을 말하면 당신은 마귀의 종노릇을 하는 것입니다. 이 얼마나 끔찍한 일입니까?

당신은 하나님의 종입니까? 마귀의 종입니까?

어떤 사람이 하나님의 종인지 마귀의 종인지 분별하는 것은 쉽습니다. 첫째, 형제의 허물을 덮어 주는 자는 사랑을 구하는 자요 하나님의 종입니다. 둘째, 형제의 허물을 거듭 말하는 자는 친한 벗을 이간하는 자요 마귀의 종입니다.

마귀의 종이 되지 말고 하나님의 종이 되십시오.

형제에 대해 완고하지 말고 너그러워져라

당신은 형제에 대해 완고합니까? 너그럽습니까?

나는 가장 가까이 있는 형제에 대해 마음이 너그럽습니다.

어느 날, 요셉은 하나님이 주신 큰 꿈을 꾸게 되었고 아버지가 입혀 준 채색 옷을 입게 되었습니다. 열일곱 살의 나이에 소년으로서 그 형제들과 함께 양을 쳤는데 그 아비의 처 빌하와 실바의 아들들과 함께 하였습니다. 요셉은 노년에 야곱이 얻은 아들이었기 때문에 야곱이 다른 여러 아들보다 그를 깊이 사랑하였고 그를 위하여 채색 옷까지 지어 입혔습니다. 요셉은 꿈꾸는 자였습니다.

요셉이 큰 꿈을 가진 것은 잘한 일입니다. 하나님께서 그 꿈을 주셨고 요셉은 그 꿈을 붙들고 매일 살았습니다. 하지만 요셉은 평소에 너그러운 마음으로 형들을 대하지 못했습니다. 요셉의 마음은 완고했고 형들의 잘못을 아버지에게 가서 다 고했습니다.

당신은 형제들의 허물을 용서합니까? 아니면 그걸 말합니까?

형제들의 허물을 보았을지라도 말하지 말고 용서하십시오.

허물을 용서하는 것이 자기의 영광이다

용서하는 것은 용서하는 사람에게 큰 영광이 됩니다.

용서는 하나님께서 모든 그리스도인에게 원하시는 것입니다.

잠언 19장 11절에 "허물을 용서하는 것이 자기의 영광이다"라고 했습니다. 그러나 요셉에게는 허물을 용서하는 영광이 없었습니다. 그 많은 형들이 요셉의 눈앞에 지나갈 때마다 그들의 허물이 낱낱이 보였고 요셉은 그 허물을 자기 아비에게 고했습니다.

그런 요셉이 13년 후에는 용서하는 사람으로 바뀌었습니다.

그는 13년의 세월을 통해 하나님의 사랑이 얼마나 큰지 그분의 계획과 용서와 공급이 얼마나 많은지 깨닫게 되었던 것입니다.

"요셉이 아비를 장사한 후에 자기 형제와 호상군과 함께 애굽으로 돌아왔더라. 요셉의 형제들이 그 아비가 죽었음을 보고 말하되 '요셉이 혹시 우리를 미워하여 우리가 그에게 행한 모든 악을 다 갚지나 아니할까?' 하고……."(창 50:14~15)

요셉의 형들이 과거에 어떤 악한 일을 행했습니까?

요셉을 시기하고 질투하며 그의 옷을 벗기고 구덩이에 던져 넣었습니다. 눈물을 흘리며 살려 달라던 요셉을 상인들에게 파는 악한 짓을 했던 것입니다. 이제는 그들이 용서를 구했습니다.

"당신의 아버지의 하나님의 종들의 죄를 이제 용서하소서."

요셉이 그 말을 들을 때에 울었습니다.(창 50:17)

당신을 끌어내리고 채색 옷을 벗기려는 사람들

당신의 채색 옷을 벗기려는 사람이 없었습니까?

내 주위에는 그런 사람이 한두 명 있었습니다. 그들은 내가 그리스도 안에서 여왕으로 살며 왕 노릇하는 것을 시기하고 질투하며 나를 끌어내리려고 했고 내 옷을 벗기려고 비난했습니다.

"왜 그렇게 높은 곳에 올라가 있는 거야? 낮은 곳에 내려와 우리와 좀 섞이고 어울리자. 우리와 놀며 평범한 삶을 살자."

나를 높은 곳에 두신 분은 사람이 아닌 하나님이었습니다.

다윗이 이렇게 하나님께 노래했습니다. "나의 발로 암사슴 발 같게 하시며 나를 나의 높은 곳에 세우셨다."(삼하 22:34)

노예 마인드를 가진 사람은 왕의 옷을 벗기려고 하고, 하녀 마인드를 가진 사람은 여왕의 옷을 벗기려고 합니다.

당신은 어떤 마인드를 갖고 있습니까? 그리스도 안에서 왕의 마인드를 가지십시오. 높은 자존감을 가지십시오. 수많은 사람들이 "내려와서 어울리자"고 손짓해도 결코 내려가지 마십시오.

당신이 '하나님이 기름 부어 세우신 그 자리'에서 내려가면 당신도 그들도 모두 다칩니다. 수많은 문제가 마구 터집니다. 하나님이 각 사람에게 주신 위치와 영역을 지킬 때 안전합니다.

요셉이 아버지 야곱의 집에 함께 살 때는 형들이 힘이 셌습니다. 아버지가 곁에 있을 때는 형들이 요셉을 건드리지 못했지만 요셉과 따로 있을 때 그들은 힘으로 요셉을 구덩이에 집어 던졌습니다. 당신 주위의 사람들은 당신에게 어떻게 대합니까?

당신이 채색 옷을 입고 큰 꿈을 꾸는 것을 보며 시기 질투하지 않습니까? 어떻게든 당신을 죽이려고 꾀하고, 당신의 채색 옷을 벗기고 찢고, 당신을 구덩이에 던지고 조롱하지 않습니까?

당신을 끌어내리려는 사람들이 어떤 짓을 할까요?

첫째, 그들은 당신이 채색 옷을 입은 꼴을 못 봅니다.

둘째, 그들은 당신이 큰 꿈을 꾸었다고 말하는 것을 못 봅니다.

셋째, 그들은 온갖 나쁜 말과 행동을 하며 당신의 채색 옷을 벗기고 찢으며 당신을 하나님이 기름 부은 위치에서 땅바닥으로 끌어내리려고 합니다. 당신을 짓밟고 구덩이에 던져 넣습니다.

넷째, 그러나 하나님의 은혜가 당신을 이끌어 갑니다.

다섯째, 은혜의 바람이 불어 당신의 모든 꿈이 이루어집니다.

결국 인생은 꿈꾸는 대로 다 됩니다.

꿈은 성령의 능력으로 태어납니다.

인생은 생각에 따라 완전히 결과를 얻게 된다

당신은 어떤 마인드를 갖고 있습니까?

어떤 길을 가고 있습니까? 사람은 각자의 마인드에 따라 완전히 다른 길을 가게 되고 완전히 다른 결과를 얻게 됩니다.

꿈꾸는 자 요셉은 완전히 다른 길을 갔고 다른 결과를 얻었습니다. 이제는 요셉이 형들보다 더 큰 힘을 갖게 되었습니다. 30세의 나이에 애굽의 국무총리가 되었던 것입니다. 요셉은 '바로 왕의 아비'가 되었습니다. 사실상 2인자가 아닌 1인자였습니다.

"그런즉 나를 이리로 보낸 이는 당신들이 아니요 하나님이시

라. 하나님이 나를 바로에게 아버지로 삼으시고 그 온 집의 주로 삼으시며 애굽 온 땅의 통치자로 삼으셨나이다.”(창 45:8)

요셉에게는 말 한 마디면 언제든지 그들을 죽이기도 하고 살리기도 할 수 있는 엄청난 권세가 있었습니다. 그들은 불안에 떨며 ‘요셉이 그동안은 아버지가 살아 계셨기 때문에 우리를 건드리지 않았지만 이제는 아버지가 돌아가셨기 때문에 우리에게 앙갚음을 하지 않겠는가?’라고 생각했습니다. 숨이 막힐 정도였습니다.

과연 요셉이 형들에게 앙갚음을 했을까요? 아닙니다.

아버지 야곱은 요셉에게 용서하라고 명령했고 요셉은 순종했습니다. “요셉아, 형들의 허물과 죄를 용서하라.”(창 50:17)

용서는 명령입니다. 성경을 보면 “용서해도 되고 안 해도 된다. 하지만 기왕이면 용서하는 것이 더 좋겠다”는 식으로 권면하는 것이 아니라 “그 허물과 죄를 용서하라”고 명령하고 있습니다. 하나님께서 당신을 용서하신 것처럼 당신도 형제를 용서해야 합니다.

요셉은 하나님과 함께 크게 생각하는 사람이었습니다.

당신도 크게 생각하며 형제를 용서하십시오.

형제의 과실을 봐도 떠들지 마라

당신 주위에 있는 사람들의 과실이 눈에 띕니까?

그들의 과실을 보았어도 떠들지 말고 용서하십시오.

“네 형들이 네게 악을 행하였을지라도 용서하라.”(창 50:17)

이 구절을 어떤 번역에는 이렇게 기록하고 있습니다.

"형들이 악의로 한 일이건, 어떻게 마음을 잘못 먹고 한 일이건, 못할 짓 한 것을 다 용서해 주어라. 네 아비를 돌보시던 하나님의 종들이 비록 악의에 찬 일을 했지만 용서해 주어라."

어떤 사람이 악의를 가지고 "저놈을 죽여야 되겠다"고 나쁜 계획을 도모할 수도 있습니다. 요셉의 형들이 그랬습니다.

창세기 37장에, 형들이 도단에서 양떼를 치다가 아버지의 심부름으로 자기들에게로 오는 어린 요셉을 보고 이렇게 말했습니다.

"꿈꾸는 애가 온다. 저 아이를 죽여서 그 꿈이 어떻게 되는가 보자. 요셉을 죽이면 꿈도 죽는다. 저놈 때문에 우리가 아버지께 받아야 될 사랑을 제대로 못 받고 있다. 저놈이 우리가 받아야 할 사랑을 독차지하고 있어. 저놈만 죽이면 모든 문제가 해결된다."

그 당시에는 한 부족에 한 명에게만 족장의 채색 옷을 입혔는데 그것은 곧 '후계자'란 말이며 다음 시대의 왕이란 말과 같았습니다. 형들은 자기들에게로 돌아와야 할 후계자의 자리, 자기들이 입어야 할 채색 옷, 자기들이 가지고 누려야 할 왕적인 권세를 요셉에게 다 빼앗겼다고 생각했습니다. 그래서 내린 한 가지 결론은 요셉을 죽여야 한다는 것이었습니다. 그들은 악의로 살인죄를 지었습니다. 그런 그들을 향해 아버지가 죽기 전에 요셉에게 남긴 말이 무엇입니까? 어쨌거나 다 용서하라는 것입니다.

"요셉아, 형들이 악의로 한 일이건, 어떻게 마음을 잘못 먹고 한 일이건, 네게 못할 짓 한 것을 다 용서해 주어라."

어떻게 마음을 잘못 먹고 한 일이라도 그것을 용서해 주라는 것입니다. 그 사람이 왜 당신을 미워합니까? 뭔가 자기 마음에 안 맞는 것이 있기 때문입니다. 어떤 사람이 악의에 가득 차서 당신에게 나쁜 짓을 저질렀을 때 그가 모르고 한 일이라면 용서해 줄 수 있어도, 알고 의도적으로 했다면 괘씸해서 절대로 용서 못할 것입니다. 그러나 하나님은 "그래도 용서해 주라"고 말씀합니다.

다른 번역에는 "몹쓸 짓을 저질렀지만 그래도 용서해 주어라"고 되어 있습니다. 많은 사람이 분하다며 이렇게 말합니다.

"저 나쁜 놈, 내게 몹쓸 짓을 하다니⋯⋯. 절대로 용서 못해. 내가 그 일로 인해 피눈물을 흘렸어. 무덤에 갈 때까지 가슴에 품을 거야. 죽으면 귀신이 되어서라도 원수를 꼭 갚고 말거야."

그런데 주님께서는 "그러지 말고 용서해 주어라. 그가 네게 몹쓸 짓을 저질렀더라도 용서해 주어라"고 명령하십니다.

상처받는 사람은 아무리 잘해 줘도 상처받는다

당신은 쉽게 상처받는 사람 때문에 힘들지 않습니까?

"왜 저렇게 상처받지? 도대체 내가 어떻게 해줘야 될까?"

상처받는 사람은 이유가 없습니다. 자나 깨나, 앉으나 서나, 먹으나 마시나, 끝도 없이 상처받습니다. 그런 사람과 가까이 지내면 당신이 쩔쩔 매야 하고 마음이 답답하고 불행해집니다.

그런 사람을 인간적으로 위로하고 달랜다고 자꾸 말을 건네지 말고 가만히 두십시오. 그리고 이렇게 명령하십시오.

"나사렛 예수 그리스도의 이름으로 명하노니 그 사람은 더 이상 상처받지 말지어다. 그동안 받은 상처는 모두 나아라. 예수 그리스도의 이름으로 명하노니 상처받은 마음이 깨끗해져라."

어떤 사람은 상대방이 아무리 잘 해주어도 그 친절이 자기 기준에 맞지 않으면 상처받고 미워하고 마음에 원한을 품습니다.

사도 바울은 고린도 교회에 편지를 써서 이렇게 말했습니다.

"또 내가 너희와 함께 있을 때 비용이 부족하였으되 아무에게도 누를 끼치지 아니하였음은 마게도냐에서 온 형제들이 나의 부족한 것을 보충하였음이라. 내가 모든 일에 너희에게 폐를 끼치지 않기 위하여 스스로 조심하였고 또 조심하리라. 내 자신이 너희에게 폐를 끼치지 아니한 일밖에 다른 교회보다 부족하게 한 것이 무엇이 있느냐? 너희는 나의 이 공평하지 못한 것을 용서하라. 보라, 내가 이제 세 번째 너희에게 가기를 준비하였으나 너희에게 폐를 끼치지 아니하리라."(고후 11:9, 12:13~14)

바울은 고린도 교회를 향해 "내가 폐를 안 끼치기 위해 최선을 다했는데 그것조차도 너희에게는 상처가 되었다"고 했습니다.

왜 그럴까요? 고린도 교회가 어린 아이 신앙 곧 율법주의 신앙에 빠져 있었기 때문입니다. 그들은 바울이 자기의 기준에 따라다 움직여 주길 바랐는데 그렇게 안 하니까 힘들었습니다.

사도 바울이 성령님의 인도하심을 따라 아무리 잘 해주려고 해도 고린도 교인들의 마음에는 상처와 미움과 원망이 가득했습니다. 당신도 그렇습니다. 당신이 아무리 복음을 잘 전하고 사람들의 필요를 다 채워 줘도 그것이 그 사람의 기준에 맞지 않으면 쉽게 상처받고 당신을 향해 화를 내며 미워할 수 있습니다.

바울은 "내가 폐를 안 끼치기 위해 최선을 다했는데 그것조차 너희에게 상처가 되었다면 용서하라"고 부탁했습니다.

"나는 당신에게 직접적으로 해를 가한 적도 없고 마음속으로 당신에 대해 나쁜 생각을 한 적도 없다. 당신을 죽이고자 한 적도 없고 올무를 놓은 적도 없다. 아무 일에도 당신을 힘들게 한 적이 없다. 그럴지라도 상처를 받았다면 나를 용서하라."

사도 바울은 "내가 너희에게 폐를 안 끼치기 위해 최선을 다했는데 그래도 상처가 되었다면 나를 용서하라"고 말한 것입니다.

왜 그럴까요? 자신이 폐를 안 끼치기 위해 최선을 다했지만 그들이 다른 교회와 비교했을 때 공평치 못하다고 생각했다는 것입니다. "왜 저기는 두 번 찾아가면서 우리는 한번밖에 안 찾아와?"라고 말할 수 있습니다. 바울은 고린도 교회에 폐를 안 끼치기 위해, 다른 곳에 세 번 찾아갔다면 그 교회에는 한번밖에 안 찾아갔는데 그것이 그들에게는 뒷말 꺼리가 되었던 것입니다.

"왜 우리 교회에는 한번밖에 안 찾아오느냐? 에베소교회는 두 번 찾아가고, 로마교회는 세 번 찾아가고……."

이런 식으로 나오면 몹시 난처해집니다. 상처받는 사람은 어떻게 해줘도 상처받습니다. 가도 상처받고 안 가도 상처받습니다. 줘도 상처받고 안 줘도 상처받습니다. 당신은 어떻습니까?

언제까지 그렇게 상처받는 인생으로 살겠습니까?

예수님이 당신의 모든 상처를 십자가에서 담당하셨습니다. 당신 대신 나무에 달리신 예수님을 바라보면서 이렇게 말하십시오.

"내 모든 상처는 예수님의 십자가로 옮겨졌다. 그러므로 나는 더 이상 상처받지 않는다. 내 마음에는 상처가 하나도 없다."

상처받지 않으려면 비교하지 마라

당신은 상처받은 사람과 부딪힌 적이 있습니까?

상처받은 사람은 화를 내며 감정적으로 들고 일어납니다.

많이 찾아가면 많이 찾아간다고 부담스럽게 여기고, 또 적게 찾아가면 적게 찾아간다고 섭섭하게 여기고 "그를 용서하지 못하겠다. 공평하지 못하다"고 말하니 참 골치 아픈 일입니다.

이렇게 자기 기준으로 모든 것을 판단하는 어린 아이 같은 사람을 어떻게 대해야 할까요? 지혜롭게 잘 다루어야 합니다.

'어떤 경우에도 서로 비교하지 마라'고 코치해야 합니다.

공평하다는데 대해 각자의 기준이 다를 수 있습니다.

사람들이 화를 내는 원인 중에 가장 많은 것이 바로 공평에 대한 것입니다. 그 공평이 사람들이 정한 기준이라면, 하나님의 일을 하면서 어떻게 그 사람들을 다 만족시킬 수 있겠습니까?

공평하다는 것이 무엇일까요? 각 사람에게 맞게 대하는 것입니다. 부모가 공평하게 아이들의 필요를 채워 주려면 각각 그 아이가 필요한 것이 무엇인지 정확하게 알고 거기에 반응해야 합니다. 그리고 서로에게 "너희들은 서로 다르다"라고 가르쳐야 합니다.

사탄은 우리를 속입니다. 분명히 '다름'에도 불구하고 '공평'이라는 기준으로 모든 사람을 잣대로 측정하듯이 재게 만듭니다.

사탄의 궤계는 무엇일까요? 비교하게 하는 것입니다.

비교하면 상처받고 미움과 원망과 불평이 폭발합니다.

사탄은 아담이 하나님과 비교하게 만들었습니다.

"너희가 저 선악과를 따 먹지 못하면 하나님에 비해 열등한 존재야. 저 선악과를 먹어야만 하나님과 같은 존재가 돼"라고 대놓고 비교하게 만들었습니다. 사탄도 원래 '루시엘'로 천국에서 찬양을 담당하는 천사였는데, 그런 비교 의식에 빠져 반역죄를 짓고 쫓겨나게 되었던 것입니다. 비교 의식에 빠지지 마십시오. 가정이든 직장이든 비교 의식이 모든 좋은 관계를 망쳐 놓습니다.

"그들은 다 네게 말하여 이르기를 '너도 우리 같이 연약하게 되었느냐? 너도 우리 같이 되었느냐?' 하리로다. 네 영화가 음부에 떨어졌음이여, 너의 비파 소리까지로다. 구더기가 네 아래 깔림이여, 지렁이가 너를 덮었도다. 너 아침의 아들 계명성이여, 어찌 그리 하늘에서 떨어졌으며 너 열국을 엎은 자여, 어찌 그리 땅에 찍혔는고? 네가 네 마음에 이르기를 '내가 하늘에 올라 하나님의 뭇별 위에 나의 보좌를 높이리라. 내가 북극 집회의 산 위에 좌정하리라. 가장 높은 구름에 올라 지극히 높은 자와 비기리라' 하도다. 그러나 이제 네가 음부 곧 구덩이의 맨 밑에 빠치우리로다."
(사 14:10~14)

사탄은 비교하게 만드는데 뛰어납니다.

창조주와 피조물을 비교하게 만들고, 주인과 종을 비교하게 만들고, 아버지와 아들을 비교하게 만들고, 사장과 직원을 비교하게 만들고, 선생님과 학생을 비교하게 만듭니다.

비교 의식에 젖은 사람은 이렇게 말합니다.

"선생님은 그 일을 하면서 왜 저는 못 하게 하세요?"

"엄마 아빠는 밤에 산책하면서 왜 나는 못 나가게 해?"

나는 그들에게 이렇게 말하고 싶습니다.

"너도 선생님이 되면 그렇게 할 수 있다."

"너도 엄마 아빠가 되면 그렇게 할 수 있다."

성경은 무엇을 말합니까? 질서와 경계선이 분명합니다.

"너는 왕이고 너는 백성이다."

"너는 주인이고 너는 종이다."

"너는 아버지이고 너는 자녀다."

"너는 선생님이고 너는 학생이다."

"너는 목자이고 너는 양이다."

"각각 자기와 남의 위치와 영역을 인정하고 존중하라."

각각 다릅니다. 하나님은 질서의 하나님이십니다. 맡은 자에게 구할 것은 충성입니다. 각각 그 맡은 자리에서 충성해야 합니다.

사탄은 질서를 깨뜨리도록 궤계를 씁니다. 모두 똑같다는 사탄의 거짓말에 속지 말아야 합니다. 많은 사람들이 "말세에는 왕이나 백성이나 일반이다. 제사장이나 백성이나 일반이다. 하나님이나 사람이나 일반이다"라고 하며 질서가 필요 없다고 말합니다.

"이제는 그런 질서가 다 무너졌다. 모든 사람은 다 동등하다."

그렇지 않습니다. 앞뒤 문맥을 보면 그런 의미가 아닙니다.

"장차는 백성이나 제사장이나 일반이라. 내가 그 소행대로 벌

하며 그 소위대로 갚으리라. 저희가 먹어도 배부르지 아니하며 행음하여도 수효가 더하지 못하니 이는 여호와 좇기를 그쳤음이니라. 음행과 묵은 포도주와 새 포도주가 마음을 빼앗느니라. 내 백성이 나무를 향하여 묻고 그 막대기는 저희에게 고하나니 이는 저희가 음란한 마음에 미혹되어 그 하나님의 수하를 음란하듯 떠났음이니라."(호 4:9~12)

보십시오. 이 구절은 백성이나 제사장이나 다 타락하고 하나님을 떠나 음란한 마음으로 우상을 숭배하게 되었다는 말을 하고 있는 것입니다. 그들이 타락하여 잘못 생각한 것에 대해 하나님께서 책망하는 조로 말씀하신 것입니다. 다음의 구절도 보십시오.

"여호와께서 땅을 공허하게 하시며 황무하게 하시며 뒤집어엎으시고 그 거민을 흩으시리니 백성과 제사장이 일반일 것이며 종과 상전이 일반일 것이며 비자와 가모가 일반일 것이며 사는 자와 파는 자가 일반일 것이며 채급하는 자와 채용하는 자가 일반일 것이며 이자를 받는 자와 이자를 내는 자가 일반일 것이라. 땅이 온전히 공허하게 되고 온전히 황무하게 되리라. 여호와께서 이 말씀을 하셨느니라."(사 24:1~3)

'하나님의 심판에 대해' 일반이라고 말씀하신 것입니다.

하나님은 분명히 하나님이고 우리는 그분의 백성이요 자녀인 것입니다. 하나님이 요셉을 불러 택하셨고 그에게 꿈의 채색 옷을 입혀 주셨습니다. 또 아버지가 족장의 권위로 마음에 결정하여 눈에 보이는 채색 옷을 요셉에게 입혀 주었습니다.

그런데 형들은 요셉과 자기를 비교하기 시작했던 것입니다.

당신은 다른 교회나 다른 사람들과 비교할 때 자신이 초라해지고 답답해진다는 것을 알아야 합니다. 그러나 "하나님이 나를 특별히 택하셨어. 나를 복음의 일꾼으로 삼으셨어. 이 놀라운 복음을 깨닫게 하시고 전파하게 하셨어"라는 것을 알고 기억하면 지금 당신의 위치와 역할이 얼마나 영광스러운지 모릅니다.

주위에 다른 사람들과 비교하기 시작하면 하나님까지도 용서할 수 없게 됩니다. "하나님은 왜 저 사람과 나를 차별대우하시나? 왜 저 사람에게는 넓은 땅을 주시고 내게는 좁은 땅을 주시나? 왜 저 사람에게는 근사한 차를 주시고 내게는 자전거를 주시나?"라고 비교하기 시작하면 그것이 하나님께 대한 미움으로 발전하여 결국 도를 넘는 원망을 하게 되고 나중에는 멸망하게 됩니다.

"그들 가운데 어떤 사람들이 원망하다가 멸망시키는 자에게 멸망하였나니 너희는 그들과 같이 원망하지 말라."(고전 10:10)

이해가 안 되어도 모든 일에 감사하고 기뻐하고 기도하십시오.

어떤 일에도 원망하지 마십시오. 당신의 마음에 들지 않는다 할지라도 하나님을 용서해야 합니다. 물론 하나님은 완전하신 분이기 때문에 용서받아야 할 분이 아닙니다.

내가 이렇게 말하는 것은 단지 당신의 기준에 맞지 않는다고 하나님을 원망하면 안 된다는 것입니다. 그리고 당신의 마음에서 하나님이 행하신 모든 일을 믿고 받아들여야 한다는 말입니다.

주님께서는 그들을 다 용서하라고 하셨습니다.

"용서했음."

그들의 허물과 죄를 용서하라

용서는 느낌이나 감정이 아닌 '믿음의 선택'입니다.

믿음은 소망과 다릅니다. 소망은 미래형으로 "용서하고 싶어. 언젠가는 용서할 거야"라고 말하지만 믿음은 현재 완료형이고 과거형으로 "용서했어. 내 마음엔 상처가 하나도 없어"라고 말합니다. "기도하고 구한 것을 받았다고 믿고 과거형으로 "용서했음" 하면 당신의 마음에 성령님이 강하게 역사하기 시작합니다.

"그 허물과 죄를 용서하라"(창 50:17)는 주님의 음성을 듣고 순종하십시오. "내 사랑하는 딸아. 네 주위에 너를 힘들게 한 사람이 누구냐? 너에게 상처 준 사람이 있느냐? 그를 용서하라."

멀리 있는 사람은 잠깐 부딪히고 헤어지면 끝입니다. 하지만 가까운데 있는 사람은 매일 부딪쳐야 합니다. 가족과 직장 동료, 학교 선생님은 계속 얼굴을 보며 부딪쳐야 합니다.

"그 허물과 죄를 용서하라."

가족의 모든 죄를 억만 번이라도 용서하십시오. "당신의 아버지의 하나님의 종들의 죄를 용서하소서."(창 50:17)

요셉의 형들은 자기들이 하나님의 종들이라고 표현했습니다.

그들이 어떤 일을 했습니까? 요셉을 위해 축복했습니까? 말씀을 전했습니까? 상담을 했습니까? 병을 고쳤습니까? 요셉이 잘되도록 어떤 조그마한 도움이라도 주었습니까? 아무것도 한 일이 없습니다. 그런데 그들은 자신에 대해 '하나님의 종'이라고 표현했습니다. 놀랍지 않습니까? 그들이 어떻게 쓰임 받았습니까?

그 다음 구절을 보십시오.

"요셉이 그들에게 이르되 '두려워 마소서. 내가 하나님을 대신하리이까? 당신들은 나를 해하려 하였으나 하나님은 그것을 선으로 바꾸사 오늘과 같이 만민의 생명을 구원하게 하시려 하셨나니 당신들은 두려워 마소서. 내가 당신들과 당신들의 자녀를 기르리이다' 하고 그들을 간곡한 말로 위로하였더라."(창 50:19~21)

요셉의 형들이 한 일은 요셉을 해하려고 한 것입니다.

그런데도 그들을 용서하라고 명령했습니다.

"그 허물과 죄를 용서하라."(창 50:17)

하나님은 모든 것을 합력하여 선을 이루신다

당신은 악한 자 때문에 마음이 괴롭지 않습니까?

악한 자는 악한 날에 쓰기 위해 하나님이 지으셨습니다.

악역을 맡은 그들은 고마운 사람들입니다. 만약 당신 주위에 악한 자들이 없다면 그들은 악역을 하지 않게 되고 그 일로 인해 당신은 더 깊은 세상, 더 크고 넓은 세상을 볼 수 없을 것입니다.

잠언 16장 4절에 "여호와께서 온갖 것을 그 쓰임에 적당하게 지으셨나니 악인도 악한 날에 적당하게 하셨느니라"고 했습니다.

누군가가 당신을 죽이려고 했는데 그것이 하나님의 계획 속에 포함되어 있을 수도 있습니다. 누군가가 당신을 시기하고 질투하고 모함하고 팔아넘깁니다. 그것이 하나님의 계획 속에 들어 있을 수 있습니다. 그러나 감사하십시오. 로마서 8장 28절에 "우리가 알거니와 하나님을 사랑하는 자 곧 그 뜻대로 부르심을 입은 자들에게는 모든 것이 합력하여 선을 이루느니라"고 했습니다.

한두 가지만 아닌 "모든 것이 합력하여……"입니다.

하나님께는 쓸모없는 것이 하나도 없습니다. 우리 인생에 죄를 짓는 것만 아니면 좋고 나쁜 모든 일이 다 필요합니다.

하나님은 모든 것을 합력해서 선을 이루시는 분입니다.

요셉은 하나님을 사랑했습니다. 당신도 하나님을 사랑합니다.

그러면 하나님을 사랑하는 당신에게도 요셉의 일생처럼 모든 것이 합력하여 선을 이룬다는 것을 믿어야 합니다.

사람들은 당신을 해하려고 합니다. 예수님도 해했습니다.

예수님에게 죄를 덮어씌웠고, 예수님을 나무에 매달아 목마르게 했습니다. 예수님에게 채찍을 가해 살점이 뜯겨져 나오게 했습니다. 예수님을 벌거벗겼습니다. 예수님을 향해 침 뱉고 뺨을 치고 수염을 뽑고 발로 찼습니다. 머리에 가시 면류관을 씌어 온 이마를 피로 물들게 했습니다. 예수님에게 매를 때렸습니다. 형벌을 가했고 징계를 내렸습니다. 예수님을 죽였습니다. 창으로 찔러 옆구리에서 피와 물이 쏟아지게 했습니다. 이것은 분명히 사람들이 예수님을 해한 것입니다. 그러나 하나님은 그것을 선으로 바꾸셨습니다. 그것을 통해 하나님은 우리의 죄와 저주와 질병을 모두 속량하셨습니다. 그리고 우리에게 의를 주셨습니다. 생수의 강을 주셨습니다. 치료를 주셨습니다. 부요함을 주셨습니다. 지혜를 주셨습니다. 평화를 주셨습니다. 영원한 생명을 주셨습니다. 엄청나게 큰 은혜를 아낌없이 베풀어 주셨습니다.

로마 군인들은 다른 사람들이 볼 때 하나님의 종이 아니었습니다. 하지만 하나님은 그들을 사용하셨습니다. 그들이 침 뱉고 채찍질하고 창으로 찔러 예수님을 죽인 것이 합력해서 선을 이루어 오늘 우리에게 큰 생명과 치유와 복을 안겨 준 것입니다.

나쁜 일이 일어날까 봐 근심하지 마라

나쁜 일이 일어날까 봐 근심하지 마십시오.

하나님이 그 모든 일을 통해 당신을 가장 좋은 길로 인도하실 것입니다. 국무총리 요셉이 형들에게 말했습니다.

"나는 당신들의 아우 요셉이니 당신들이 애굽에 판 자라. 당신들이 나를 이곳에 팔았으므로 근심하지 마소서. 한탄하지 마소서. 하나님이 생명을 구원하시려고 나를 당신들 앞서 보내셨나이다. 이 땅에 이년 동안 흉년이 들었으나 아직 오년은 기경도 못하고 추수도 못할찌라. 하나님이 큰 구원으로 당신들의 생명을 보존하고 당신들의 후손을 세상에 두시려고 나를 당신들 앞서 보내셨나니 그런즉 나를 이리로 보낸 자는 당신들이 아니요 하나님이시라. 하나님이 나로 바로의 아비를 삼으시며 그 온 집의 주를 삼으시며 애굽 온 땅의 치리자를 삼으셨나이다."(창 45:4~8)

이 모든 일을 하나님이 하셨습니다. 할렐루야.

당신이 해야 할 일은 원수를 굶겨 죽이는 것이 아니라 굶주린 원수의 눈앞에 상을 차려 주는 것이며, 추위에 떨며 잠을 못 이루고 웅크린 원수의 머리맡에 숯불을 피워 주는 것입니다.

"네 원수가 주리거든 먹이고 목마르거든 마시게 하라. 그리함으로 네가 숯불을 그 머리에 쌓아 놓으리라."(롬 12:20)

당신의 뺨을 때린 엄마를 용서하라

당신은 엄마에게 맞은 적이 없습니까?

한 청년이 갑자기 온 몸이 마비되었다며 전화 왔습니다.

"김사라 사모님, 저는 엄마를 용서할 수 없습니다. 그분은 새엄마인데 사람들이 지나다니는 길거리에서 제 뺨을 때렸습니다. 제가 어릴 때 엄마한테 받은 상처가 얼마나 많은지 모릅니다. 엄마를 칼로 찔러 죽이고 싶습니다. 제 형도 엄마를 싫어합니다. 그런데 갑자기 제 몸에 병이 생겼고 병원에 가니 병명도 없답니다. 온몸이 통나무처럼 마비되었습니다. 얼마 안가 죽는답니다. 어떻게 하면 좋을까요? 왜 이런 일이 생겼나요?"

나는 그에게 대답했습니다.

"엄마를 용서하세요."

그는 눈물을 뚝뚝 흘리면서 "용서합니다"라고 고백했습니다.

나는 계속 그 형제를 향해 말을 이었습니다.

"악하지만 그래도 엄마가 있다는 것이 얼마나 감사한 일인지 모릅니다. 엄마가 없는 사람도 있고, 아기를 낳자마자 죽은 엄마도 있습니다. 비록 새엄마지만 엄마가 있음을 감사하십시오. 모든 것을 감사하십시오. 엄마를 이해하고 용서하고 사랑하십시오. 하나님이 억만 가지 죄에서 당신을 용서하고 구원하셨습니다. 그 큰 사랑을 받은 당신이 엄마를 용서하는 것은 지극히 당연한 일입니다. 느낌이나 감정이 아닌 믿음으로 용서하세요. 원수 같은 엄마지만 용서하고 축복하세요."

"네, 용서하겠습니다."

나는 그가 치료 받기를 위해 기도해 주었습니다.

그는 즉시 나음을 얻었고 몸의 마비가 풀렸습니다.

그렇습니다. 엄마를 용서하고 자식을 용서하고 선생님을 용서하고 친구를 용서하는 것이 마땅치 않겠습니까?

"그 허물과 죄를 용서하라."(창 50:17)

혹시 이 글을 읽는 독자 중에 엄마를 용서하지 못하는 분이 있습니까? 지금 엄마의 얼굴과 이름을 떠올리면서 "용서했음"이라고 말하십시오. 그를 용서하고 찾아가 껴안으십시오.

당신에게 상처 준 목회자를 용서하라

당신은 목회자를 용서한 적이 있습니까?

목회자도 설교와 상담을 통해 당신에게 상처 줄 수 있습니다.

그럴 때 주님은 잘잘못을 따지라고 하지 않고 용서하라고 하십니다. 바울이 고린도 교회에 아무리 잘해 주어도 그들은 바울을 용납할 수 없었습니다. 그런데 바울은 "나는 너희를 용서한다. 너희도 나를 용서하라"고 했습니다. 목회자를 용서하십시오.

사람은 쉽게 감정에 치우치는 신기한 존재입니다.

아무리 백 가지, 천 가지를 잘 해줘도 한 가지만 잘못하면 그것을 용서하지 못해 힘들어 합니다. 주님은 제발 그 허물과 죄를 마음에 담고 쓴물을 내지 말고 용서하라고 하십니다. "너에게 상처 준 사람을 끌어안으라. 용서하고 관계를 회복하라"고 하십니다.

그가 살아 있을 때 용서하는 것이 죽었을 때 용서하는 것보다 훨씬 낫습니다. 죽고 난 이후에 무덤 앞에 앉아 울며 용서한다고 말해도 그 사람은 대답이 없습니다. 그러면 꼭 사람을 찾아가서 용서한다고 말해야 할까요? 그렇지도 않습니다. 그 사람과 꼭 밥을 먹어야 할까요? 용서했다고 주위에 떠들어야 할까요?

그것도 아닙니다. 용서는 '마음에서' 하는 것입니다.

당신의 마음에서 "나는 당신을 용서했습니다" 하면 당신의 마음과 몸에 퍼져 있는 모든 독이 사라지고 병이 낫게 됩니다.

용서하지 않으면 하나님이 당신을 옥졸에게 붙이십니다.

옥졸은 '미움의 독'과 같습니다. 용서하지 않으면 당신의 몸에 미움의 독이 퍼지게 되어 당신의 몸이 마비됩니다. 오장육부가 마비됩니다. 사지가 마비됩니다. 뇌가 마비됩니다. 혈관과 피가 마비됩니다. 눈과 귀와 입이 마비됩니다. 옥졸이 잡았기 때문입니다. 이렇게 말하며 나사렛 예수 그리스도의 이름으로 용서하면 옥졸이 놓고 떠납니다. 몸과 마음에 퍼진 모든 독이 사라집니다.

"나사렛 예수 그리스도의 이름으로 그 사람을 용서한다. 내 마음에서 미운 마음은 완전히 사라져라. 깨끗해져라."

그들을 간곡한 말로 위로하였더라

상처받는 사람은 자기 기준 때문에 상처받습니다.

자기 기준이 많은 사람일수록 상처도 많습니다. 자기 기준을 내려놓으면 상처받을 일이 없습니다. 자신에 대한 기준, 다른 사람에 대한 기준을 좀 내려놓으십시오. 백배로 크게 생각하십시오.

"아, 그 사람이 형편이 안 되나 보다. 그 사람의 입장에서 생각해보면 그의 말과 행동이 충분히 이해가 돼."

그러면 상처받을 일이 없습니다. 주님은 당신의 마음에서 모든 사람의 허물과 죄를 용서해 주라고 명령하십니다. 그리고 오히려 당신을 해롭게 하려했던 그들을 위로해 주라고 하십니다.

"그들을 간곡한 말로 위로하였더라."(창 50:21)

"위로했다"는 말은 '안심을 시켰다' '큰 숨을 쉬게 했다'라는 의미입니다. 요셉은 "형님들이여, 걱정하지 마십시오. 제가 해하지 않고 오히려 지켜 주겠습니다"라고 안심시켰습니다.

7년간 큰 기근에 대한 요셉의 구원은, 예수 그리스도의 오심과 사역으로 말미암아 천하 만민이 구원받게 될 것을 의미합니다.

지금 당신 안에 예수님이 살아 계십니다. 당신의 삶과 사역을 통해 예수 그리스도의 삶과 사역이 드러나게 해야 합니다.

예수님은 용서의 하나님이십니다. 그분은 십자가에 매달려 죽으면서도, 자기를 향해 침 뱉고 뺨을 때리고 수염을 뽑고 벌거벗기고 창으로 찌른 로마 군인들을 향해 "아버지여, 저들이 하는 것을 저들이 알지 못합니다. 저들을 용서하소서"(눅 23:34)라고 기도하셨습니다. 스데반 집사가 유대인들에게 돌에 맞아 죽으면서, 하늘 문이 열리고 보좌에 예수님이 일어서 계신 것을 보면서 무엇이라고 기도했습니까? "저들을 용서하소서."

당신도 예수님처럼, 스데반처럼 원수를 용서해야 합니다.

서로 불쌍히 여기고 서로 용서하라

당신이 용서치 않으면 두 가지 나쁜 결과를 가져옵니다.

첫째는 성령을 근심케 합니다. 성령을 근심케 하는 것이 무엇일까요? 거짓말하는 것, 음란한 것, 도적질하는 것, 우상을 숭배하는 것, 물론 그런 것들이 성령을 근심케 하지만 대부분 그리스도인들이 그런 것에 잘 빠지지 않습니다. 그리고 그런 죄를 지어도 회개하고 거룩한 삶을 살려고 몸부림칩니다. 그러나 많은 그리스도인들이 자기도 모르게 깊이 빠져 있는 것이 한 가지 있는데 그것이 바로 다름 아닌 '상처받고 용서하지 못하는 죄'입니다.

성령을 근심케 하지 말라고 하면서 거기에 대한 구체적인 내용을 담은 것은 에베소서 4장 30~32절인데 거기에 "용서하라. 용서하지 못하는 것이 성령을 근심케 하는 것이다"라고 했습니다.

"하나님의 성령을 근심하게 하지 말라. 그 안에서 너희가 구속의 날까지 인치심을 받았느니라. 너희는 모든 악독과 노함과 분 냄과 떠드는 것과 훼방하는 것을 모든 악의와 함께 버리고, 서로 인자하게 하며 불쌍히 여기며, 서로 용서하기를 하나님이 그리스 도 안에서 너희를 용서하심과 같이 하라."

용서하지 못할 때 모든 악독이 나옵니다. 용서하지 못할 때 모 든 악한 의도가 나옵니다. 그래서 "용서하라. 용서하지 못하는 것 이 곧 성령을 근심케 하는 것이다"라고 말씀한 것입니다.

당신이 용서하지 못하는 것은 사탄의 궤계에 속았기 때문입니 다. "너희가 무슨 일이든지 뉘게 용서하면 나도 그리하고, 내가 만일 용서한 일이 있으면 용서한 그것은 너희를 위하여 그리스도 앞에서 한 것이니 이는 우리로 사탄에게 속지 않게 하려 함이라. 우리가 그 궤계를 알지 못하는 바가 아니로라."(고후 2:10~11)

사탄은 용서하지 못하게 함으로 당신을 죽이려고 합니다.

사탄에게 당하지 말아야 합니다. 사탄은 당신 발밑에 있습니 다. 사탄은 하나님이 당신을 용서하셨음에도 불구하고 당신 주위 에 있는 사람들을 용서하지 못하게 만들기만 하면, 미운 감정이 생기게만 하면, 당신 안에 독이 생겨 스스로 죽게 된다는 것을 알 고 있습니다. 그러므로 당신이 용서하지 못하는 것은 사탄의 궤 계에 빠지는 것입니다. 용서하고 자유와 치유를 얻으십시오.

하나님의 진리는 무엇입니까? 하나님께서 무한한 사랑으로 당 신을 용서하셨으니 당신도 형제를 용서해야 한다는 것입니다. 형 제끼리 서로 과실을 떠들지 말고 용서하십시오. 누가 잘했느냐 못했느냐를 부모가 나서서 재판한다고 해결되는 것이 아닙니다.

서로 용서해야 합니다. 형은 동생을 용서하고, 동생도 형을 용서해야 합니다. 서로의 기준을 다 내려놓아야 합니다. 부모는 자녀를 용서하고 자녀도 부모를 용서해야 합니다. 많은 자녀들이 부모를 안 만나려고 합니다. 10년, 20년이 지나도 부모를 찾아가지 않고 원수처럼 지냅니다. 명절 때 인사도 하지 않습니다. 왜일까요? 부모에게 섭섭한 마음을 갖고 있기 때문입니다.

부모를 용서하지 못하기 때문입니다. 큰 문제 때문일까요? 그렇지도 않습니다. 아주 사소한 문제로 얽혀 있는 경우도 많습니다. 각자 자기 기준에 맞게 잘 대해 주지 않는다는 것입니다.

"내게 그런 섭섭한 말을 하다니 도저히 용서할 수 없어."

"왜 어머니가 김치를 담가서 저 집에는 두 통 주고 우리 집에는 한 통 주는 거야. 나에 대한 감정이 좋지 않은 게 분명해."

제발 비교하기를 멈추고 하나님 앞에서 자급자족하십시오.

김치는 스스로 담그십시오.

원래 빈손이었다. 용서하라

당신은 재물 때문에 상처받은 적이 없습니까?

원래 당신에게는 아무것도 없었습니다. 모두 하나님께서 은혜로 주신 것입니다. 그러므로 재물 때문에 상처받지 마십시오.

80세가 넘은 두 자매가 미국에 살고 있었습니다.

그들은 온 마을에 소문날 정도로 사이가 좋았습니다. 사람들은 수군거렸습니다. "어쩜 85세, 87세인데 두 자매가 저렇게 사이가 좋을까? 함께 밥을 먹고, 함께 여행을 다니고, 함께 영화를 보고, 함께 산책을 하고, 항상 같이 붙어 다닐 수 있을까?"

그런 자매가 하루는 한 가지 약속을 하고 쪽지에 썼습니다.

"만약 복권에 당첨되면 꼭 절반씩 나누자."

그런데 놀랍게도 정말 복권에 당첨되었습니다. 15만 달러, 한화로 약 1억 7천만 원 정도의 돈에 당첨되었고 그것을 정확하게 둘로 나눠 가졌습니다. 거기까지는 좋았습니다. 그런데 그 후에 한번 더 복권에 당첨되었고 그 금액이 좀 더 컸습니다. 안타깝게도 당첨된 한 자매가 정확하게 절반으로 나누지 않고 조금만 주고 자기가 다 가졌는데 이에 다른 자매가 법정에 소송을 걸었습니다.

판사는 그 사건을 놓고 어이없어 했습니다.

"나이가 90이 된 사람들이 뭐 하는 거야. 수십 년간 함께 살았고 온 동네가 그들의 좋은 관계를 알고 있는데, 이렇게 복권에 당첨된 것 가지고 좀 덜 준다고 자매를 고소하다니……."

그들은 서로를 죽일 정도로 미워했습니다. 사탄의 궤계에 말려든 것입니다. 하나님은 당신에게 크게 생각하라고 말씀하십니다.

"너희에게 원래 아무것도 없었지 않았느냐? 좀 생겼다고 해서 또 좀 잃었다고 해서, 좋았던 관계가 깨어지면 되겠느냐? 서로 용서하고 용납하라. 왼뺨을 치는 자에게 오른뺨을 돌려내고 겉옷을 달라는 자에게 속옷까지 벗어 주라. 원수를 사랑하고 축복하라. 너희를 미워하는 자를 선대하라. 제발 크게 생각하라."

줄 것을 못 주고, 받을 것을 못 받더라도 용서해야 합니다.

당신 자신에 대해서도 모든 허물을 용서해야 합니다.

하나님이 나를 용서하시고 의롭다고 인정하셨는데, 내가 나를 용서하지 못한다면 어떻게 당당한 삶을 살 수 있겠습니까?

자신을 용서하지 못하기 때문에 분노하고 속상해 하고 그것 때문에 병든 사람이 많습니다. 자신의 허물을 다 용서하십시오.

"용서하라. 일흔 번에 일곱 번이라도 용서하라."

나와 함께 용서의 기도를 할까요?

"하나님, 그동안 저에게 상처 준 사람을 모두 용서합니다. 저에게는 더 이상 상처가 없습니다. 저를 완전히 치유해 주셔서 감사합니다. 저는 오늘부터 더 이상 상처받지 않습니다. 제 마음에 의와 평강과 희락이 넘칩니다. 천국 같이 행복합니다. 예수님의 이름으로 기도합니다. 아멘."

성령님의 인도를 받으면 상처받지 않는다

성령님은 세월을 아끼라고 하신다

당신은 세월을 어떻게 보내십니까?

성령님은 당신에게 세월을 아끼라고 하십니다.

나는 예전에 은혜 받았던 말씀이 있습니다. 무엇일까요?

"세월을 아끼라"는 것입니다. 청년부 때 목사님과 함께 기도원에 갔는데 본 교회로 돌아와서 은혜 받은 간증을 한 사람씩 나와서 말하라고 하셨을 때, 기도원 목사님께서 에베소서 5장 16절 말씀을 들려주신 것이 은혜가 되어 그것을 말했습니다.

"세월을 아끼라, 때가 악하니라."

당신은 세월을 아끼고 있습니까? 나는 세월을 아끼고 있습니다. 세월을 아끼려면 어떻게 해야 할까요? 죄를 짓지 말아야 합니다. 성경은 "모든 사람이 죄를 범하였으매 하나님의 영광에 이르지 못하더니……"(롬 3:23)라고 말씀합니다.

하나님의 말씀에서 "모든 사람이 죄가 있다"고 합니다.

이 죄는 태어날 때부터 갖게 되는 원죄이고 또한 하나님이 기뻐하지 않는 생각이나 말이나 행동도 모두 죄입니다. 사람들은 다들 죄 때문에 서로 다투고 미워하고 시기하고 질투합니다.

또 죄 때문에 우상숭배를 하게 됩니다. 우리 가족은 오래 전부터 대대로 해마다 제사를 지내는 가족이었습니다. 부모님은 하나님에 대해 무지했기 때문에 점집이나 무당과도 가까이 했습니다.

나는 예수님께 가족 구원을 위해 기도했습니다.

오빠와 엄마가 예수님을 구주로 믿고 가까운 교회에 다니길 위해 기도했을 때 하나님께서 응답하시므로 한 오빠에게 은혜를 주셔서 나처럼 교회에서 집사님으로 섬기게 하셨습니다.

하나님은 한 사람도 지옥에 가길 원치 않으시고 모든 사람이 구원 받기를 원하십니다. 나는 대한민국 모든 국민이 구원받기를 위해 기도합니다. 미혹의 영이 역사하여 악한 길과 우상숭배의 길로 나아가지 않고 오직 성령님의 이끌림 안에 있기를 원합니다.

예수님은 그분의 핏 값으로 우리를 사셨습니다. 그분이 하신 일 때문에 우리 몸은 성령의 전이 되었지만 자신의 건강이 얼마나 귀한지 모르고 술과 담배에 중독되어 있는 사람들이 많습니다.

우리는 용기를 내어 그들에게 예수님을 전하고 예수님을 위해 살아야 된다고 전도해야 하겠습니다. 나는 전도에 대한 경험이 있습니다. 교회 언니 오빠들과 모여 예배드리기 전에 전도하러 나갔다 온 적이 있었고 수원에서 교회를 섬길 때는 오전 오후 예배를 드린 후에 성도들과 함께 역전에 나가 전도했습니다.

내 영혼이 귀하여 예수님이 찾아오신 것처럼 다른 사람의 영혼도 귀합니다. 교회의 십자가는 인류 모두를 구원하기 위한 예수님의 십자가입니다. 예수님은 믿는 자에게 지상명령을 주셨습니다. "너희는 온 천하에 다니며 만민에게 복음을 전파하라."(막 16:15) 우리는 이 말씀에 순종하여 모든 때에 모든 방법으로 모든 사람에게 전도해야 합니다. 당신은 전도하고 있습니까?

나는 이 명령에 순종하여 전도하기 위해 책을 씁니다.

전도에는 여러 가지 방법이 있습니다. 내가 직접 온 천하에 다니며 전도하기도 하고 또 내가 못 가는 곳에 선교사님을 파송하거나 후원하기도 합니다. 그리고 나의 분신과도 같은 책을 만들어 그 책이 내 대신 온 천하에 다니며 만민에게 복음을 전하게 하는 방법도 있습니다. 책에는 내가 예수님을 만난 이야기를 마음껏 담아 전도할 수 있어 아주 강력한 힘이 있습니다. 당신이 만난 예수님에 대한 이야기, 곧 복음이 담긴 책을 한 권 써내는 것은 수천 명의 전도자와 선교사를 파송하는 것과 맞먹습니다.

이것을 위해 헌신해야 합니다. 책 전도와 책 선교로 땅 끝까지 복음을 전하므로 하나님의 뜻이 이루어지길 소원합니다.

당신도 나처럼 책 쓰기로 전도하고 선교하기 바랍니다.

"책에 써서 후세에 영원히 있게 하라."(사 30:8)

내 삶에 다가온 하나님의 말씀

당신은 어떻게 하나님의 말씀을 알게 되었습니까?

내가 학생부 회원이 되었을 때 신약만 쓰인 파란색 작은 성경책을 알게 되었습니다. 그때 내가 또 갖고 있던 성경책은 세로로 읽어야 되었고 장과 절의 숫자는 한자로 되어 있었습니다.

하루는 구세군 교회에 다니던 친구 집에 놀러 갔을 때 예수님의 사진과 잠언서 말씀을 보았는데 이런 내용이었습니다.

"노하기를 더디 하는 자는 용사보다 낫고 자기의 마음을 다스리는 자는 성을 빼앗는 자보다 나으니라."(잠 16:32)

그리고 십대 시절에 가장 영향력을 주었던 말씀은 빌립보서 4장 6~7절 말씀이었습니다. 한번은 크리스천 선생님께서 반 학생 모두에게 성경 말씀 요절을 한 개씩 뽑는 기회를 주셨습니다.

그때 내가 뽑은 말씀은 시편 139편 9~10절이었습니다.

"내가 새벽 날개를 치며 바다 끝에 가서 거주할지라도 거기서도 주의 손이 나를 인도하시며 주의 오른손이 나를 붙드시리이다."

이처럼 하나님은 순간마다 내 인생에 꼭 필요한 성경 말씀으로 함께 해주셨습니다. 사람이 양식을 먹지 않으면 살 수 없듯이 하나님은 나에게 계속 생명의 말씀과 가까이 하게 해주셨습니다.

빌립보서 4장 6~7절의 말씀은 "아무것도 염려하지 말고 모든 일을 감사함으로 아뢰라"고 가르치십니다. 누구나 살다 보면 염려와 근심되는 일, 괴롭고 힘든 고민들이 많지만 하나님의 자녀가 된 우리의 자세는 그것을 초월해서 모든 일에 감사해야 합니다.

세상 사람들과 달리 말씀 그대로를 신뢰하고 오직 감사함으로 아뢰는 당신이 되었으면 합니다. 항상 기뻐하고 쉬지 말고 기도하고 모든 일에 감사하는 삶을 살려면 믿음이 있어야 합니다.

성경은 "의인이 믿음으로 살리라"고 했습니다.

당신은 순간마다 오직 믿음으로 살고 있습니까?

당신이 불평하지 않는 습관, 염려하지 않는 습관을 가지려면 하나님을 신뢰하는 믿음이 있어야 합니다. 하나님이 나를 사랑하신다는 믿음, 성령님이 나를 가장 선한 길로 인도하신다는 믿음으로 살아야 합니다. 모든 일을 주님께 맡겨야 합니다.

"네 짐을 여호와께 맡기라. 그가 너를 붙드시고 의인의 요동함을 영원히 허락하지 아니하시리로다."(시 55:22)

성령님은 인격자이십니다. 그분은 당신의 모든 것을 아십니다.

성령님만이 아시는 길로 나를 이끌어 달라고 감사로 아뢸 때 그분은 내가 해야 할 일을 기억나게 하시며 온전한 삶이 되게 이끄십니다. 그렇게 성령님과 함께 하는 사람은 불안과 두려움이 없고 담대하며, 믿음으로 모든 일을 바라보며 선택하게 됩니다.

성령님은 당신을 통해 큰일을 하길 원하십니다.

당신의 삶을 성령님께 맡기세요. 성령님은 꾸짖지 아니하시고 죄로부터 회개케 하시며 온전히 그분이 기뻐하시는 삶을 살도록 도우십니다. "내 삶의 주인은 성령님이십니다"라고 고백하여 성령님이 원하시는 대로 말하고 생각하고 행동하며 살기 바랍니다.

그분의 종으로 성도들을 섬기며 교회를 세우기 바랍니다.

성령님이 주신 놀라운 깨달음

당신은 사회인입니까?

나는 학교를 졸업하고 바로 직장 생활을 시작했습니다.

내가 취업으로 유치원에 갔는데 그때 만난 선생님 세 분이 이미 예수를 믿고 교회에 다니고 있었습니다. 나도 교회를 다니고 있어 반가웠지만 그 선생님들과는 오래 함께하지는 못했습니다.

사회인이라면 직장에서 요구하는 일을 잘 감당해야 자신이 원하는 연봉을 받을 수가 있습니다. 또 그런 연봉을 받기 위해서는 그것을 위한 지혜와 지식이 필요합니다. 감사하게도 하나님은 내가 직장 생활하는 동안 많은 돈을 얻을 기회를 주셨습니다.

때론 힘든 일도 있었지만 나는 자족하는 마음을 가졌습니다.

"우리가 먹을 것과 입을 것이 있은 즉 족한 줄로 알 것이니라"(딤전 6:8)고 했기 때문입니다. 당신은 시험을 당하고 있습니까?

걱정하지 마십시오. 그 시험도 모두 하나님께서 당신에게 감당할 힘과 지혜를 넘치게 주셨습니다. "사람이 감당할 시험 밖에는 너희가 당한 것이 없나니 오직 하나님은 미쁘사 너희가 감당하지 못할 시험 당함을 허락하지 아니하시고 시험 당할 즈음에 또한 피할 길을 내사 너희로 능히 감당하게 하시느니라."(고전 10:13)

지금껏 살면서 힘들고 어려운 일들이 많았겠지만 믿음의 훈련 과정이었다고 생각하며 기쁘게 여기세요. 그러면 복이 됩니다.

교회는 사명이 있습니다. 그것은 곧 '전도와 양육'인데 세상에서 방황하는 사람들을 데려다 양육해야 되는 것입니다. 교회 밖에는 영생을 선물로 받기 위해 준비된 영혼들이 많습니다.

많은 사람들이 더 많은 업적을 이루기 위해 달려가고 있습니다. 그런 사람들에게 하나님은 "업적보다 삶을 귀하게 여기라"고 말씀하십니다. 어떤 경우에도 "외모와 업적으로 다른 사람을 판단해서는 안 된다"고 하십니다. 우리는 외모와 업적에 상관없이 모든 사람에게 복음을 전해야 합니다. 그들을 살려야 합니다.

성령님의 인도하심을 따라 전도하고 양육하기 바랍니다.

성경은 쉽습니다. 전도는 쉽습니다. 양육도 쉽습니다.

당신이 전도하다 보면 거절당하고 박해를 받기도 합니다. 하지만 그것으로 인해 상처받지 말고 모든 일에 감사하십시오. 그러면 하나님께서 모든 지혜와 능력으로 당신을 도우실 것입니다.

당신의 힘으로 전도하려고 하지 말고 성령의 권능으로 전도하십시오. 성령의 나타남을 사모하십시오. 지혜의 말씀, 지식의 말씀, 병 고침, 능력 행함, 예언, 영분별, 방언, 방언 통역, 사도, 선지자, 복음 전도자, 목사, 교사, 돕는 것, 다스리는 것, 섬기는 것, 권위하는 것, 구제하는 것, 긍휼을 베푸는 것 등의 은사를 사모하여 하나님의 이름을 빛내는 성령님의 몸종이 되십시오.

그리고 믿음의 가문을 만드십시오.

성령님은 복음을 깨닫게 해주신다

당신은 어떤 염려와 걱정이 있습니까?

나는 책 쓰기로 전도하고 선교하기 위해 이 글을 쓰면서 '방학이라고 잠자고 있는 딸아이가 일어나 식사는 했을까? 챙겨 주지 못해 어떡하지?' 하는 걱정도 되지만 하나님은 그런 내게 시간에 대한 믿음, 환경에 대한 믿음, 자녀에 대한 믿음을 주셨습니다.

당신도 믿으세요. 하나님을 믿으면 결국 다 잘됩니다.

당신은 어떤 염려와 근심, 고민을 하고 있습니까?

"딸이 주일 예배에 출석하지 않고 있어요."

"남편은 술과 담배로 얼굴이 검게 변해 가고 있어요."

"친정 엄마는 아직도 제사를 준비하고 있어요."

"친척들은 제사상에 엎드려 절해요."

사랑하는 가족과 친척, 친구가 염려되십니까?

모든 염려를 하나님께 맡기고 믿음의 기도를 하십시오.

믿음의 기도가 무엇이냐고요? 한번 기도하고 구한 것을 받았다고 믿고 완전히 맡기는 것입니다. 그러면 진짜 그대로 됩니다.

예수님은 제자들에게 믿음의 기도를 하라고 말씀하셨습니다.

"내가 너희에게 말하노니 무엇이든지 기도하고 구하는 것은 받은 줄로 믿으라. 그리하면 너희에게 그대로 되리라."(막 11:24)

예수님은 영원한 형벌을 받도록 사형선고 받은 우리를 구원하기 위해 이 땅에 오셨습니다. 불타는 지옥에서 우리를 구원하기 위해 오신 예수님이 우리의 애인이시며 큰 남편이시라는 것을 당신은 알고 있습니까? 예수님을 바라보고 기뻐하십시오.

하나님께는 하루가 천년 같고 천년이 하루 같습니다.

하나님은 당신에게 하루만에도 백배. 천배의 복을 주십니다.

우리의 생명의 주인은 하나님이십니다.

하나님은 이 세상 모든 만물을 말씀으로 창조하신 분이시며, 하나님의 형상대로 사람을 지으신 창조주이십니다.

은혜로 이 복음을 믿게 해주신 예수님은 당신의 삶을 의롭고 성령 충만하고 건강하고 부요하고 지혜롭게 만들어 주셨습니다.

당신은 그리스도 안에서 새로운 피조물이 되었습니다.

예수님은 당신에게 세상 끝 날까지 함께 하겠다고 약속하셨습니다. 이 사실을 믿는 당신은 오늘 이미 천배의 복을 받았습니다.

하나님은 이스라엘 백성들에게 천배의 복을 약속하셨습니다.

그리고 당신에게도 그런 복을 허락하셨습니다. "너희 조상의 하나님 여호와께서 너희를 현재보다 천배나 많게 하시며 너희에게 허락하신 것과 같이 너희에게 복주시기를 원하노라."(신 1:11)

성령님은 당신을 한없이 사랑하십니다.

성령님은 당신으로 하여금 하나님의 음성을 듣게 하시고 하나님의 말씀을 전하게 하시고 하나님과 함께 움직이게 하십니다.

성령님은 당신을 가장 선한 길로 인도하시는 목자이십니다.

성령님은 없던 재능, 생각지도 못했던 아이디어도 주십니다.

세상에는 나쁜 영향을 끼치는 것들이 많습니다.

나는 기도하고 스마트폰을 사용하기 시작했습니다.

"하나님, 하나님을 위하여 제 스마트폰을 사용해 주세요."

그 결과 생명의 빛이신 예수님께서는 빛 가운데 거하는 좋은 사람들과 연결해 주셨고 그 결과 나는 김열방 목사님과 많은 작가들을 알게 되었습니다. 시공간을 초월하여 일하시는 하나님은 작가님들의 책을 구입하여 읽게 하셨습니다. 책을 읽는 동안 전능하신 하나님은 내 마음과 영혼을 어루만지셨습니다. 열방을 향해 손을 펴시는 하나님은 그분을 사랑하는 자를 찾고 계십니다.

"나를 간절히 찾는 자가 나를 만날 것이다."(잠 8:17)

예수님이 십자가에서 몸을 버리기까지 아파하심으로 우리는 나음을 얻었습니다. 그분의 보혈로 우리는 치료되었습니다.

이 글을 읽는 당신의 얼굴을 보니 암세포가 하나도 없군요.

예수님 이름으로 당신을 축복하며 사랑합니다.

예배 반주를 하게 하신 성령님

당신은 찬양하기를 좋아하십니까?

나는 하나님께 찬양하기를 무척 좋아합니다. 교회에서 찬양을 배운 후 집에서 부르고 싶어 영어와 한글로 된 복음성가 책을 구입했습니다. 학생 때 부르는 찬양들은 내 마음을 사로잡았습니다.

"찬양할 때 네 목소리가 제일 큰 것 같아"라고 친구가 말했을 때 '정말 그런가? 내가 다른 사람을 고려하지 않는 건가? 내가 잘못하는 건가?' 하고 의아해 했지만 은혜의 하나님은 나로 하여금 성가대에서 봉사할 수 있게 해주셨습니다.

어느 날, 평화의 주님은 잔잔한 감동으로 다가오셨습니다.

예배 전에 하나님께 찬양을 드리는데 내 가슴이 뜨거워지고 눈물이 하염없이 흘러내렸습니다.

주는 평화 막힌 담을 모두 허셨네. 주는 평화 우리의 평화. 염려 다 맡기라. 주가 돌보시니 주는 평화 우리의 평화.

하나님은 그분의 백성이 하는 찬양을 기뻐하십니다.
"소고 치며 춤추며 찬양하며 현악과 퉁소로 찬양할지어다."(시 150:4) "여호와의 이름을 찬양할지어다. 그의 이름이 홀로 높으시며 그의 영광이 땅과 하늘 위에 뛰어나심이로다."(시 148:13)
성령님은 하나님의 이름을 찬양하라고 말씀하십니다.
하나님이 어디 계시냐며 반문하는 세상 사람들도 많지만 영이신 하나님은 찬양 중에 거하시며 우리를 만나 주십니다. 이 가사는 가수 소리엘의 〈전부〉라는 찬양인데 같이 읽어볼까요?

내 감은 눈 안에 이미 들어와 계신 예수님, 나보다 앞서 나를 찾아주시네. 내 뻗은 두 손 위로 자비하심을 내어 주시니 언제나 먼저 나를 위로하시네. 내 노래 가운데 함께 즐거워하시는, 늘 나의 기쁨이 되시네. 수많은 사람 중에 나를 택해 잡으시고 눈물 거두어 빛살가루 채우시니 그분은 내 자랑 나의 기쁨 나의 노래 나의 전부 되시네.

또 다른 찬양은 〈예수 사랑해요〉입니다.

예수 사랑해요. 나 주 앞에 엎드려, 경배와 찬양 왕께 드리네.
(후렴) 알렐루야 알렐루야 알렐루야 알레루.

Jesus l love you. I bow down before you.
Praises and worship to our king.

찬양을 좋아하게 하신 하나님은 나를 피아노 반주자로 부르셔서 지금은 예배 시간에 반주를 하고 있습니다. 이 글을 읽는 당신에게도 하나님께서 각양 좋은 은사와 달란트를 주셨을 것입니다.

그 달란트를 땅에 묻어 두지 마십시오. 성령님과 함께 그 달란트를 잘 사용해서 100배, 60배, 30배로 남기므로 하나님께 "잘했다. 착하고 충성된 종아"라고 칭찬받는 종이 되기 바랍니다.

성령님은 당신 안에 가득히 들어와 계십니다. 성령님은 인격자이십니다. 크고 작은 모든 일에 성령님을 존중하며 그분과 동업하십시오. 그러면 환난을 당할 때도 그분이 건지실 것입니다.

"환난 날에 나를 부르라. 내가 너를 건지리니 네가 나를 영화롭게 하리로다."(시 50:15)

천지창조 때 수면에 운행하셨던 성령님은 모든 날의 주인 되시며 당신과 가까이에 계십니다. 힘들고 어려울 때 현상과 상관없이 "성공했음, 해결되었음, 그 문제는 쉽다"라고 말하며 성령님께 맡기십시오. 그러면 모든 문제의 해결자이신 전능하신 성령님께서 당신을 도우시므로 그 문제가 기적적으로 해결될 것입니다.

예수님이 당신에게 지금 말씀하십니다.

"내가 너희에게 말하노니 무엇이든지 기도하고 구하는 것은 받은 줄로 믿으라. 그리하면 너희에게 그대로 되리라."(막 11:24)

당신은 거듭났는가?

당신은 거듭났습니까?

나는 성령으로 거듭났습니다. 당신이 성령님과 동업하려면 먼저 거듭나야 합니다. 육으로 난 것은 육이고 성령으로 난 것은 영입니다. 거듭나야 성령님이 당신 안에 가득히 거하게 됩니다.

예수님이 유대인의 지도자인 니고데모에게 말씀하셨습니다.

"사람이 거듭나지 않으면 하나님의 나라를 볼 수 없다. 사람이 물과 성령으로 나지 않으면 하나님의 나라에 들어갈 수 없다. 육으로 난 것은 육이요 영으로 난 것은 영이다."(요 3:5~6)

어떻게 하면 거듭날 수 있을까요?

예수님을 구주로 믿고 영접하면 됩니다. "영접하는 자 곧 그 이름을 믿는 자들에게는 하나님의 자녀가 되는 권세를 주셨으니 이는 혈통으로나 육정으로나 사람의 뜻으로 나지 아니하고 오직 하나님께로부터 난 자들이니라"(요 1:12~13)고 했습니다.

예수님을 영접하는 방법은 무엇일까요?

예수님이 구주이심을 마음으로 믿고 입으로 시인하면 됩니다. 성경에 사람이 마음으로 믿어 의에 이르고 입으로 시인하여 구원에 이른다고 말씀했기 때문입니다. "사람이 마음으로 믿어 의에 이르고 입으로 시인하여 구원에 이르느니라."(롬 10:10)

당신은 예수님을 구주로 믿고 영접했습니까?

아직 예수를 믿고 영접하지 않았다면 이 기도를 따라 하기 바랍니다. 그러면 죄를 사함 받고 성령으로 거듭나게 됩니다.

"사랑하는 하나님, 예수 그리스도가 제 대신 모든 죄와 저주를 짊어지고 십자가에서 죽으시고 부활하신 하나님 아들이심을 믿습니다. 이 시간 제 마음을 활짝 열고 예수님을 구주로 믿고 영접합니다. 저의 모든 죄를 용서해 주시고 하나님의 자녀로 삼아 주셔서 감사드립니다. 예수님의 이름으로 기도합니다. 아멘."

억만 번이나 축하합니다. 당신은 이제 새사람이 되었습니다.

첫째, 당신의 모든 죄는 사함 받았습니다.

둘째, 당신은 성령으로 거듭났고 하나님의 자녀가 되었습니다.

셋째, 당신은 지금 죽어도 천국에 넉넉히 들어갑니다.

넷째, 당신은 하늘나라 시민권을 가졌습니다.

다섯째, 당신 안에 성령님이 가득히 들어오셨습니다.

나를 사랑하신 하나님께서는 내가 어릴 때 교회에 나갈 수 있도록 허락해 주셨는데, 내가 첫 번째로 다녔던 교회는 우리 마을에 있는 '은혜감리교회'였습니다. 그때는 중학교 이전이며 어떻게, 누구에 의해 가게 되었는지는 잘 기억이 안 납니다.

성탄 행사를 앞두고 여러 아이들에게 선생님이 율동을 가르쳐 주셨습니다. 나와 한 아이가 성탄절 전날 밤에 예수님의 탄생을 찬송하는 노래를 불렀습니다.

"말구유에 누워서 콜콜 단잠 자라고, 콜콜 단잠 자라고~."

그랬던 내가 지금은 마흔이 지나 집사가 되었습니다.

그때 오빠 셋과 할머니, 부모님이 나의 가족이었는데 중학교를 크리스천 학교에 가게 되어 예수님을 믿는 선생님과 친구들을 만났습니다. 토요일 학생부 모임에 갔다가 주일 예배도 알게 되었는데, 한 친구가 교회에 같이 가자고 했습니다. 그렇게 학교 때문에 자취 생활하며 알게 되었던 몇몇 친구들과 함께 교회를 가게 되어 신앙생활을 하면서 기독교인으로서 세례를 받게 되었습니다. 목사님은 세례 증서와 장미 한 송이를 선물로 받았던 그날이 내 생일이라고 하셨는데 그것은 곧 내가 성령으로 거듭난 것을 말씀하셨던 것 같습니다. 나는 성령으로 거듭났습니다.

2, 30대에도 하나님이 내 인생을 이끄시므로 남편과 딸과 함께 행복한 가정을 이루게 하시고 어디를 가든 무슨 계획을 갖든 믿음의 사람들을 만나게 해주셨습니다. 그때 나는 하나님이 세상에 믿음의 사람들을 파송하여 함께 기도하고 찬양하게 하시므로 내 마음이 하나님을 멀리 하지 않게 하시며, 하나님의 구원이 내 삶의 전부가 되도록 일하신다는 것을 깨달았습니다.

"영접하는 곧 그 이름을 믿는 자에게는 하나님의 자녀가 되는 권세를 주셨으니……"(요 1:12)라고 했는데 여기서 권세란 '남을 복종시킬 수 있는 힘'이라는 의미도 포함되어 있습니다. 하나님의 자녀가 되는 권세란 아버지의 권세이고 성령님의 권세입니다.

성령님의 권세가 임하면 사람들을 굴복시키며 강력하게 복음을 전하게 됩니다. 이에 대해 예수님은 "오직 성령이 너희에게 임하시면 너희가 권능을 받고 예루살렘과 온 유대와 사마리아와 땅 끝까지 이르러 내 증인이 되리라"(행 1:8)고 말씀하셨습니다.

당신도 성령님의 권세로 많은 사람을 전도하기 바랍니다.

전도는 하나님이 가장 기뻐하시는 일이며, 가장 귀하고 영광스러운 일입니다. "많은 사람을 옳은 데로 돌아오게 한 자는 별과 같이 영원토록 빛나리라"(단 12:3)고 했습니다.

당신은 하나님의 자녀로서 모든 것을 누리고 또 전도하기 위해 필요한 모든 것을 하나님께 구할 권세가 있습니다. 믿음으로 하나님께 무엇이든지 구하십시오. 그러면 다 받을 것입니다.

하나님은 그분을 찾는 자들에게 상 주신다고 하셨습니다.

"믿음이 없이는 하나님을 기쁘시게 하지 못하나니 하나님께 나아가는 자는 반드시 그가 계신 것과 또한 그가 자기를 찾는 자들에게 상 주시는 이심을 믿어야 할지니라."(히 11:6)

하나님을 기쁘시게 하고 마귀를 기쁘게 하지 말아야 합니다.

마귀가 좋아하는 일을 하면 마귀가 기뻐합니다. 그것이 무엇일까요? 죄와 목마름, 병과 가난, 어리석음과 징계와 죽음입니다.

당신은 마귀가 좋아하는 일을 해서는 안 되고 마귀가 싫어하는 일을 해야 합니다. 마귀가 싫어하는 일이 하나님이 기뻐하시는 일이니까요. 마귀가 싫어하는 일은 무엇이 있을까요? 일곱 가지인데 의와 성령 충만, 건강과 부요함, 지혜와 평화와 생명입니다.

성령님은 하나님 나라 속성을 다 갖고 계시지만 마귀는 지옥의 속성을 다 갖고 있습니다. 마귀의 속삭임에 이끌리지 말고 하나님의 음성에만 귀를 기울이세요. 지금 이 시간에도 하나님은 당신을 많이 사랑하십니다. 당신도 하나님을 사랑하기 바랍니다.

나는 나의 예수님을 많이 사랑합니다.

나는 예수님을 사랑하기 때문에 항상 마음이 기쁩니다.

당신은 항상 기뻐할 수 있습니까? 나는 성경에서 "항상 기뻐하라"(살전 5:16)는 요절을 읽은 적이 있습니다. 기쁨은 정신의 한 상태이자 존재의 한 상태입니다. 기쁨은 어떤 상황이 아니라 하나님의 임재와 그분의 약속에 기초하는 것이기에 우리는 어려움을 겪는 중에도 항상 기뻐할 수 있습니다. 그러한 기쁨은 성경의 약속을 믿겠다는 의지적인 선택입니다.

당신도 믿음으로 항상 기뻐하겠다고 선택하십시오.

하나님은 당신이 기뻐하는 중에 소원의 항구로 인도하십니다.

"그들이 평온함으로 말미암아 기뻐하는 중에 여호와께서 그들이 바라는 항구로 인도하시는도다."(시 107:30)

당신의 마음이 기쁘면 가슴 설레는 꿈이 생깁니다.

그리고 하나님은 기뻐하는 중에 당신의 꿈을 이루어 주십니다.

성경을 보십시오. 태어날 때부터 앞을 보지 못했던 바디매오, 열두 해를 혈루증으로 앓아 온 한 여자, 나병으로 고통을 겪은 사람, 더러운 귀신 들린 사람이 모두 예수님의 소문을 듣고 믿음과 꿈이 생겼습니다. 그리고 그 믿음과 꿈대로 치료받았습니다.

당신도 예수님을 만나면 꿈과 믿음이 생기고 또 당신 안에 계신 성령님 때문에 기뻐할 수 있습니다. 예수님이 당신의 믿음이 될 때, 그 믿음을 보시고 하나님도 당신을 기뻐하십니다.

믿음이 있으면 하나님을 기쁘시게 할 수 있고 그 결과 모든 기도에 응답받습니다. 믿음이 없으면 하나님을 기쁘시게 할 수 없고 기도 응답도 못 받습니다. 그러면 비참한 인생을 살게 됩니다.

당신은 어떻습니까? 다시 믿음과 꿈을 가지십시오.

온 천하에 다니며 만민에게 복음을 전하겠다는 계획을 세우십시오. 하나님은 잃었던 영혼을 얻었을 때 가장 기뻐하십니다.

"내가 너희에게 이르노니 이와 같이 죄인 한 사람이 회개하면 하늘에서는 회개할 것이 없는 의인 아흔아홉으로 말미암아 기뻐하는 것보다 더하리라. 내가 너희에게 이르노니 이와 같이 죄인 한 사람이 회개하면 하나님의 사자들 앞에 기쁨이 되느니라."(눅 15:7, 10)

하나님은 지금도 여전히 죄인들이 모두 회개하고 하나님 앞에 나오기를 기다리고 계십니다. 죄인의 마음은 만물보다 거짓되고 부패하다고 말씀하십니다. "만물보다 거짓되고 심히 부패한 것은 마음이라."(렘 17:9) 죄인들은 회개하고 하나님을 믿어야 합니다.

하나님은 이를 아시고 죄인들이 예수 그리스도 복음을 듣게 하시고 예수님이 참된 구주임을 믿게 하십니다.

"하나님이 영원토록 우리와 함께 계신다"는 의미의 '임마누엘'은 예수님의 이름입니다. "보라, 처녀가 잉태하여 아들을 낳을 것이요 그의 이름을 임마누엘이라 하셨으니 이를 번역한즉 하나님이 우리와 함께 계시다 함이라."(마 1:23)

하나님이 함께 계신 곳에는 기쁨이 가득합니다.

천지 창조 후에 에덴동산에는 슬픔이 없었습니다. 기쁨만 가득했습니다. 에덴(Eden)은 모든 것이 풍요한 하나님의 낙원으로 '기쁨의 산'이란 뜻이 있습니다. 항상 기뻐했던 아담과 하와가 사탄의 거짓에 속아 죄를 지음으로 기쁨의 감정이 날아간 것입니다.

기쁨이 사라진 인류에게 분노와 미움의 감정이 밀려 들어와 불행의 나날들을 살아가고 있는 것이 창세 이후로 오늘까지 남게 된 이 세상의 현실인 것입니다. 그러나 예수님께서 오셔서 이 문제를 해결하셨습니다. 예수님은 실제로 우리의 죄와 질고와 슬픔을 다 짊어지고 십자가에서 피와 물을 흘리며 죽으셨습니다.

그러므로 하나님은 그리스도 예수 안에서 우리의 모든 죄를 사하시고 성령을 주시고 에덴의 기쁨을 회복시키셨습니다. "그는 실로 우리의 질고를 지고 우리의 슬픔을 당하였거늘……."(사 53:4)

성경에 명령조로 "항상 기뻐하라"고 하셨습니다. 이것이 그리스도 예수 안에서 우리를 향하신 하나님의 뜻입니다.

하나님의 기쁨이 나와 당신의 삶 가운데 심겨졌습니다.

이로 인해 백배, 천배의 복이 이미 우리에게 임한 줄 믿습니다.

이러한 놀라운 삶을 우리에게 가르쳐 주신 하나님 아버지의 말씀이 너무 귀하여 모든 영광과 감사를 하나님께 돌립니다.

내 안에 실제로 살아 역사하시는 성령님

나는 크리스천 작가들이 쓴 책 읽기를 좋아합니다.

믿음 안에서 같은 마음 같은 뜻으로 동질감을 느낄 수 있기 때문입니다. 그래서 많은 책을 읽었습니다. 그 중에 한 권의 책과 작가가 기억나는데 그는 여 작가로 예수님을 믿다가 가족보다 먼저 하늘나라에 가게 되었습니다. 그녀의 죽음 이후 가족들이 하나님께로 돌아오는 사건이 있었고, 죽음 이전에 가족들의 구원을 위해 간절히 기도했다는 그녀의 신앙고백이 담긴 책이었습니다.

"내가 진실로 진실로 너희에게 이르노니 한 알의 밀이 땅에 떨어져 죽지 아니하면 그 한 알 그대로 있고 죽으면 많은 열매를 맺느니라. 자기의 생명을 사랑하는 자는 잃어버릴 것이요 이 세상에서 자기의 생명을 미워하는 자는 영생하도록 보전하리라. 사람이 나를 섬기려면 나를 따르라. 나 있는 곳에 나를 섬기는 자도 거기 있느니라. 사람이 나를 섬기면 내 아버지께서 그를 귀히 여기시리라."(요 12:24~26)

한 알의 밀알은 '어떤 일에 작은 밑거름이 되는 것'을 뜻합니다. 예수님이 우리를 위한 한 알의 밀알이 되셨습니다.

예수님이 십자가에서 죽으심으로 인류가 생명의 길로 나갈 수 있게 되었습니다. 생명의 길이란 하나님과 영원히 사는 천국을 말합니다. 십자가에서 죽으셨던 예수님은 죽음이 끝이 아니라 3일 만에 다시 살아 나셔서 천국으로 가셨는데 천국은 아버지 집입니다. "가서 너희를 위하여 처소를 예비하면 내가 다시 와서 너희를 내게로 영접하여 나 있는 곳에 너희도 있게 하리라."(요 14:3)

아버지의 집을 우리가 거할 처소로 주기 위하여 주님께서는 일생 중에 죽음의 과정을 거치셔야만 했습니다. 인자의 죽으심과 살아나심, 하늘로 오르심이 있고 난 후에야 비로소 제자들에게 약속한 성령이 오순절에 그들 위로 임하게 되었습니다.

그들에게 임한 성령님은 예수의 영이시며 하나님이십니다.

그들은 성령님과 함께 땅 끝까지 다니며 복음을 전했습니다.

내가 이렇게 책을 쓰도록 권하신 김열방 목사님의 책을 읽어보면 "점을 위해 살지 말고 선을 위해 살라"는 내용이 있습니다. 점은 일시적인 현상을 말하며 선은 믿음의 세계 곧 하나님의 거룩하고 영원한 세계를 말합니다. 당신은 어떻게 살고 있습니까?

일시적인 현상에 매이지 말고 오직 믿음으로 사십시오.

믿음으로 성령님과 동행하며 복음을 전하십시오.

"오직 성령이 너희에게 임하시면 너희가 권능을 받고 예루살렘과 온 유대와 사마리아와 땅 끝까지 이르러 내 증인이 되리라 하시니라."(행 1:8)

내게 재물 얻을 능력을 주신 하나님

당신은 베뢰아의 사람들처럼 간절한 마음이 있습니까?

사도행전 17장 11절에 "베뢰아 사람들은 데살로니가 사람들보다 신사적이어서 간절한 마음으로 말씀을 받아들이며 그것을 확인하려고 날마다 성경을 연구하였다"고 기록되어 있습니다.

내게도 그런 간절한 마음이 있습니다. 성령님께서 간절한 마음을 내게 주셔서 성경을 연구하게 하셨고 또 내 마음에 간절히 소원하는 것들을 구하게 하셨습니다. 합력하여 선을 이루는 것이 하나님의 뜻임을 알았기에 나는 하기 싫고 극복할 수 없는 것 같은 일들 때문에 '인내하는 마음'을 구했는데 그것도 주셨습니다.

내가 하는 일은 교회에서 성도들과 교제하며 맡은 일을 감당해야 되는 것이었고 사회에 나가 직장 생활을 할 때 새로운 사람들과 일과를 보내는 것이었습니다. 내 마음의 어떤 기준을 갖고 사람들을 만나며 일하려고 할 때는 낙심되거나 좌절되는 일이 많아 하나님께 "이 일을 하기 위해 인내할 수 있게 해주세요"라고 기도할 수밖에 없었습니다. 일에 대한 성과는 어떤지 모르지만 부끄

럽고 감추고 싶었던 일들마저도 하나님께서 지켜 주시고 보호하여 주셨습니다. 또한 내가 살아가면서 궁금해 했던 것들을 하나님께서는 말씀으로 나타내시고 깨닫게 하셨습니다.

하나님은 내게 재물 얻을 능력을 주셨다고 말씀하셨습니다.

"네 하나님 여호와를 기억하라. 그가 네게 재물 얻을 능력을 주셨음이라."(신 8:18)

나의 생각과 상관없이 하나님은 이미 내게 직장에서, 그리고 사업장에서 성공하여 재물 얻도록 큰 능력을 주셨다는 것입니다.

재물 얻을 능력을 주신 분이 하나님이시기에 하나님의 자녀는 오직 그분의 영광을 위해 살아야 합니다. 우리는 먹든지 마시든지, 무엇을 하든지 다 하나님의 영광을 위해 살아야 됩니다.

"그런즉 너희가 먹든지 마시든지 무엇을 하든지 다 하나님의 영광을 위하여 하라."(고전 10:31)

당신에게 주신 능력과 재물, 시간과 몸으로 하나님의 영광을 위해 살아야 합니다. 당신에게 주신 소중한 생명인 1분 1초를 소중히 여기며 365일 그분의 영광을 위하여 사는 것이 당신을 창조하신 하나님의 계획이며 뜻입니다. 운동을 하든지, 춤을 배우든지, 그림을 그리든지, 미팅을 하든지, 공부를 하든지, 무엇을 하든지, 이 세상에서 할 수 있는 어떤 것을 선택하든지 동일합니다.

진로와 취업, 이사와 결혼, 대학 진학과 해외여행을 선택하고 있는 분들은 오직 하나님의 영광을 위하여 선택해야 합니다. 우리의 인생은 하나님의 영광을 위하여 오직 한번만 주어졌습니다.

그리고 하나님은 모든 일에 감사하라고 명령하셨습니다.

"범사에 감사하라."(살전 5:18)

이 말씀은 좋은 일에만 감사하라는 것이 아니라 나쁜 일에도 감사하라는 뜻입니다. 당신은 모든 사람에게 이러한 하나님의 명령을 전해야 합니다. 하나님의 뜻을 몰라 불평과 원망이 전부인 줄 알고 주어진 소중한 인생을 가지고 오직 남을 비난하며 사는 사람이 있으니까요. 모든 일에 원망을 그치고 감사하십시오.

"네 이웃을 사랑하라"고 하신 하나님은 우리 모두에게 현세에 있어 백배의 복을 주시기 원합니다. "현세에 있어 집과 형제와 자매와 어머니와 자식과 전토를 백배나 받되 박해를 겸하여 받고 내세에 영생을 받지 못할 자가 없느니라."(마 10:30)

이 땅에서도 큰 복을 받는 독자가 되세요.

나를 치료하신 성령님

당신은 아파 본 적이 있습니까?

나는 아픈 적이 있습니다. 이 세상에 사는 사람 중에 "나는 조금도 아픈 적이 없었다"고 고백하는 사람은 없을 것입니다.

아무리 건강관리를 잘한다 해도 작은 질병이 크게 될 수도 있고 수시로 변덕을 부리는 날씨와 열악한 환경 속에서 자칫 부주의하면 위험한 상황으로 빠져 생명을 잃을 수도 있습니다.

나도 어릴 적에는 잦은 감기로 고생했고 성인이 되어서는 알 수 없는 증상들이 나타나 염려하기도 했는데, 아픈 기억이 오래 남을 때는 예수님과 멀리 할 때였고 아팠지만 '언제 아팠었나?'라고 생각되어지는 건 믿음 때문입니다. 아픈 곳이 있으면 그곳에 손을 대고 예수 그리스도의 이름으로 기도하면 낫는다고 하셨기 때문에 그 믿음대로 기도하였고 지금은 내 몸이 건강합니다.

가족이나 성도들 중에도 아픈 곳이 있을 때 치료해야 되는 과정에서 기도하게 해 주셨고, 그때마다 하나님이 생명을 데려가지 않을 사람이면 깨끗이 치료해 주신다는 것을 깨달았습니다.

당신도 병든 사람의 병 낫기를 위해 기도하십시오.

하나님이 데려가실 사람이 아니라면 반드시 치료해 주십니다.

하나님은 모든 사람을 치료하시는 분입니다.

"나는 너희를 치료하는 여호와임이라."(출 15:26)

예수님이 채찍에 맞으신 것도 우리의 치료를 위해서였습니다.

"그가 채찍에 맞음으로 우리는 나음을 받았도다."(사 53:5)

이 구절은 내가 하나님의 절대적인 주권 안에서 믿음으로 기도할 때 의지하는 말씀입니다. 현재 질병으로 아파하고 있는 독자가 있나요? 언젠가는 나을 거라는 막연한 소망보다 "예수님 때문에 이미 나았다"라는 믿음을 가지세요. 피부병, 통증, 상처, 신경질병, 마음이 어두운 것, 몸속에 있는 질환, 이 모든 것을 예수님이 다 가져가셨다는 믿음을 가지십시오. 그리고 예수 이름으로 병을 꾸짖고 병 낫기를 위해 기도하십시오. 그러면 낫습니다.

"너희 중에 병든 자가 있느냐? 그는 교회의 장로들을 청할 것이요 그들은 주의 이름으로 기름을 바르며 그를 위하여 기도할지니라. 믿음의 기도는 병든 자를 구원하리니 주께서 그를 일으키시리라. 혹시 죄를 범하였을지라도 사하심을 받으리라. 그러므로 너희 죄를 서로 고백하며 병이 낫기를 위하여 서로 기도하라. 의인의 간구는 역사하는 힘이 큼이니라."(약 5:14~16)

날마다 내 짐을 지시는 성령님

당신은 지금 어떤 짐을 지고 있습니까?

당신 혼자 그 모든 짐을 지고 고통당하고 있다고 생각하지 않습니까? 사실은 그렇지 않습니다. 당신의 모든 짐을 지시는 분은 당신 안에 가득히 계시고 당신을 덮고 계신 성령님이십니다.

당신은 그리스도 안에 있습니다. 그리스도의 영이 당신 안에 가득히 계시고 당신을 완전히 덮고 계십니다. 그러므로 당신이 부딪히는 모든 상처는 그리스도가 대신 부딪힙니다. 그리스도는 당신의 방패요 피할 바위이십니다. 그리스도는 하나님이십니다.

하나님은 날마다 당신의 짐을 지시는 좋은 분입니다.

"날마다 우리 짐을 지시는 주 곧 우리의 구원이신 하나님을 찬송할지로다. 셀라."(시편 68:19)

당신 혼자 모든 짐을 지고 있다는 생각을 버리기 바랍니다.

한 작가가 쓴 이 글을 읽고 용기를 내기 바랍니다.

모래 위의 발자국

한 사람이 꿈을 꾸었습니다.
그는 하나님과 함께 해변을 걷고 있었습니다.
하늘 저편에 그의 인생 장면들이 스쳐 갔고
장면마다 모래 위에 두 사람의 발자국이 보였습니다.

그는 일생 동안
하나님이 자기와 함께 걸어 주셨다는 사실에 대해 기뻐했습니다.
최근까지의 장면들이 펼쳐졌는데
그는 그의 가장 고통스럽고 슬펐던 시기에는
단 한 사람의 발자국 밖에 없었다는 사실을 알게 되었습니다.
낙담한 그는 하나님께 물었습니다.

"하나님, 내가 당신을 따르기로 결심했을 때
당신은 언제나 나와 함께 하겠다고 약속하셨습니다.
그런데 내가 당신을 가장 필요로 하던 순간에는
왜 나를 버리셨습니까?"

하나님께서 대답하셨습니다.
"나의 사랑하는 자녀야, 나는 너를 사랑한다.
나는 너를 결코 떠나지 않았다.
네가 시험받고 가장 큰 고통 받았던 그 순간 곧
한 사람의 발자국 밖에 없었던 그때는
내가 너를 업고 걸었다."

그렇습니다. 하나님은 지금도 당신을 업고 계십니다.
당신을 축복합니다.

상처받지 말고 기도 응답을 받으라

나는 상처받지 않고 기도해서 응답받았다

당신은 기도 응답을 받은 적이 있습니까?

나는 기도 응답을 받은 적이 많습니다. 무엇일까요?

6년 전에 나는 가방이 갖고 싶었습니다. 얼마 후에 크리스마스 때 친구가 가방을 하나 선물로 주었는데 처음 가져 보는 '에르메스'였습니다. 나는 놀라며 하나님께 감사했습니다. 하나님은 우리의 생각과 기대보다 더 넘치게 주시는 좋은 아버지이십니다.

당신에게는 지금 무엇이 필요합니까? 혹시 당신이 갖고 싶은 것을 다른 사람이 먼저 가졌습니까? 그것 때문에 상처받지 말고 당신도 하나님께 구해서 받으십시오. 한나가 그랬습니다. 그는 처음에 아기가 없어 브닌나에게 상처받았지만 이내 마음을 돌이켜 하나님께 구했고 기도 응답으로 사무엘을 받았습니다.

당신도 그것이 무엇이든 하나님 아빠에게 당당히 구하십시오.

나는 중학교 때 기도했습니다. 예뻐지게 해 달라고.

그 결과 지금 나는 예뻐졌습니다. 하나님의 은혜입니다. 어렸을 때 외할머니는 내가 크면 코 수술을 해주려고 했다고 합니다. 나는 수술하지 않았지만 예뻐졌습니다. 심지어 엄마와 외할머니는 내가 몰래 코 수술하고 온 거 아니냐고 의심할 정도였습니다.

기도 응답받은 이야기 중에 이런 내용을 나누는 데는 이유가 있습니다. 무엇일까요? 많은 사람들이 하나님은 먼 곳에 계시고 거룩한 기도 제목에만 관심이 있다고 생각하기 때문입니다. 하나님이 다른 사람에게만 복을 주시고 자기에게는 무관심하다고 여기기 때문입니다. 결코 그렇지 않습니다. 하나님은 당신을 한없이 사랑하십니다. 그 아들을 주기까지 아낌없이 당신을 사랑하십니다. 그러므로 제발 상처받지 말고 기도 응답을 받으십시오.

당신이 기도하지 않으면 사람을 바라보게 되고 그들과 자신을 비교하며 끝도 없이 상처받게 됩니다. 하지만 당신이 기도하면 상처받지 않고 기도 응답 받고 마음에 기쁨이 가득해집니다. "지금까지는 너희가 내 이름으로 아무 것도 구하지 아니하였으나 구하라. 그리하면 받으리니 너희 기쁨이 충만하리라."(요 16:24)

어떤 이는 이렇게 말하며 울먹입니다.

"하나님은 내 기도에 관심이 없어요."

그렇지 않습니다. 하나님은 가난한 이들과 고아와 과부에 관심이 많으시지만 당신의 작고 일상적인 기도에도 다 응답하신다는 것을 믿어야 합니다. 그분이 당신의 아버지이기 때문입니다.

당신이 원하는 것은 무엇입니까? 왜 그것을 구하지 않습니까?

"너희가 얻지 못한 것은 구하지 않았기 때문이다."(약 4:2)

어떤 사람은 응답받지 못할까 봐 아예 구하지도 않습니다.

"구해도 정욕으로 쓰려고 잘못 구하면 응답받지 못하잖아요?"

정욕으로 쓴다는 것은 무엇을 의미할까요? 십계명을 어기는 죄를 짓는 것을 말합니다. 주일을 어기고 우상 숭배하고 살인하고 간음하기 위해 구하면 안 됩니다. 그 외에는 무엇이든지 다 구해도 됩니다. 제한 없이 마음껏 구하십시오. 그러면 다 받습니다.

"이건 되고 저건 안 되고"라며 머리 굴리며 계산하는 것은 당신이 하나님의 위치에서 판단하려는 교만입니다. 응답에 대한 판단은 하나님께서 하실 일입니다. 당신은 구하기만 하면 됩니다.

신앙생활은 아주 단순합니다. 어린아이처럼 믿어야 합니다.

예수님이 길을 걷다가 맹인을 만나 물었습니다.

"네게 무엇을 하여 주기를 원하느냐?"

"주여, 보기를 원하나이다."

"보라, 네 믿음이 너를 구원하였느니라."

결과가 어땠습니까? 거절당하지 않고 응답받았습니다.

"곧 보게 되어 하나님께 영광을 돌리며 예수를 따르니 백성이 다 이를 보고 하나님을 찬양하니라."(눅 18:43)

당신도 원하는 것을 구하면 받습니다. 지금 당장 구하십시오.

기도는 복잡한 것이 아닙니다. 단순하게 구하면 됩니다.

하나님께 무엇이든지 구하십시오. 그러면 다 받습니다.

나는 기도 응답으로 신돈키호테와 결혼했다

당신은 배우자에 대한 기도 응답을 받았습니까?

나는 배우자 기도에 대한 응답을 모두 받았습니다. 4대째 믿음의 자녀이기도 하지만 외부적으로도 부족함이 없는 사람을 만난 것입니다. 자동차는 타이어가 네 개 다 있어야 잘 달리는 것처럼 인생에도 한 가지만 아닌 네 가지가 다 있어야 합니다. 무엇일까요? '의와 성령 충만, 건강과 부요함' 그리고 '지혜'입니다.

지혜는 운전하는 사람의 마음입니다.

"오직 지혜는 성공하기에 유익하니라."(전 10:10)

이 중에 한 가지라도 없으면 인생이 삐걱거립니다.

당신은 이 다섯 가지를 다 구하고 받아 누리고 있습니까?

하나님 아버지는 다 주기를 기뻐하시는데 왜 많은 사람들이 한 가지만 구할까요? 전인적이고 풍성한 삶에 대해 모르기 때문입니다. 하나님은 그분의 자녀에게 전인적인 구원을 허락하셨습니다.

수많은 사람들이 요한복음 3장 16절만 달달 외우고 있습니다. 어릴 때부터 교회에서 그 구절을 암송하게 합니다. 하지만 그와 동시에 잠언 3장 16절 말씀도 암송하고 믿어야 합니다. "그의 오른손에는 장수가 있고 그의 왼손에는 부귀가 있나니."

세 살 믿음이 여든 갑니다. 한 가지만 아닌 둘 다 믿어야 합니다. 어떤 부모도 겨우 한 가지만 주면서 다른 것은 어쩔 수 없으니 참고 견디며 힘들게 살라고 하지 않습니다. 가능하다면 모든 복을 받아 누리며 행복하고 부요하고 건강하게 살라고 합니다.

"예수 믿고 구원 받는 것이 하나님의 뜻이다. 이 땅에서는 죄 짓고 목마르고 병들고 가난하고 어리석게 살 수 밖에 없다."

결코 그렇지 않습니다. 하나님은 그분의 자녀인 당신이 '비참한 삶'이 아닌 '비옥한 삶'을 살기 원하십니다. 예수님은 "죽어서 천국에 와라"고만 하지 않고 "천국이 임했다"고 하셨습니다.

예수님은 "하나님의 나라가 너희 안에 임했다"고 하시며 천국 복음을 전파하셨고 모든 병든 자와 연약한 자를 고치셨습니다.

하나님의 뜻은 당신이 의롭고 성령 충만하고 건강하고 부요하고 지혜롭게 사는 것입니다. 평화와 생명을 누리는 것입니다.

나는 평생 그런 삶을 사는데 있어 결혼이 무척 중요하다는 것을 알았기 때문에 전인적인 복을 받은 배우자를 구했습니다.

놀랍게도 하나님은 내 마음 속 깊은 갈급함과 간구, 소망과 기도 제목을 낱낱이 알고 계셨기에 그대로 응답해 주셨습니다.

나는 결혼을 늦게 한 편입니다. 36세에 했습니다. 교회에서는 내가 눈이 높으니 눈을 낮추고 모든 것을 내려놓아야만 결혼할 수 있다고 했습니다. 하지만 나는 눈을 낮추지 않았습니다.

나는 사람들의 말을 듣고 기도 제목을 내려놓지 않았습니다.

나는 '신돈키호테'를 원했습니다. 신앙 좋고 돈 있고 키 크고 호남형에 태가 나는 사람을 원했습니다. 결국 내가 기도한 대로 지금의 남편을 만나 3개월 만에 결혼했습니다. 많이 늦었지만 모두의 축하와 축복 속에서 부러워하는 결혼을 했습니다.

하나님은 우리 가정을 축복하셔서 늦은 나이에도 연년생 남매를 선물로 주셨습니다. 당신도 멋진 배우자를 구하십시오.

예수님은 당신이 그분의 이름으로 무엇을 구하든지 그분이 그대로 시행해 주신다고 하셨습니다. "너희가 내 이름으로 무엇을 구하든지 내가 행하리니 이는 아버지로 하여금 아들로 말미암아 영광을 받으시게 하려 함이라."(요 14:13)

하나님은 기도하고 구한대로 다 응답해 주십니다.

무엇이든 제한하지 말고 믿음으로 구하십시오.

하나님 아빠는 늘 내 편이고 든든한 빽이다

당신은 강남 퀸(Queen)으로 살고 싶습니까?

나는 매일 강남 퀸으로 신세계를 살고 싶습니다.

나는 오늘도 강남 퀸으로 더 멋진 신세계를 사는 꿈을 꿉니다.

예수님은 요한복음 15장 7절에 "너희가 내 안에 거하고 내 말이 너희 안에 거하면 무엇이든지 원하는 대로 구하라. 그리하면 이루리라"고 하셨습니다. 당신은 무엇이든지 원하는 대로 구합니까? 나는 내가 원하는 대로, 말하는 대로, 생각하는 대로 넘치게 주시는 하나님 아버지를 믿고 마음껏 꿈꾸고 또 꿈꿉니다.

나는 잘 때만 꿈을 꾸지 않습니다. 눈뜨고 있을 때도 꿈을 꿉니다. 나는 성령님과 함께 꿈꾸는 '성령의 사람'입니다.

나는 지금도 꿈을 꾸고 매일 꿈을 먹고 마시며 삽니다.

나는 비행기 일등석을 타고 전 세계를 다니며 강연하는 꿈을 꿉니다. 나는 그리스도 안에 있기 때문에 내가 원하는 모든 것을 하고, 되고 싶은 모든 것이 됩니다. 내게는 돈도 넘치게 있고 시간도 충분히 있습니다. 나는 경제적 자유인이자 시간적 자유인입니다. 나는 행복하기 때문에 행복한 마음으로 복음을 전합니다.

나는 항상 기뻐하고 쉬지 않고 기도하며 범사에 감사합니다. 이것이 나를 향한 그분의 뜻이기 때문입니다. 나는 교회 건물에 매이지 않고 수시로 입을 열어 아뢰고 수시로 응답받습니다.

내게 있어 기도 응답을 받는 것은 숨 쉬고 물을 마시고 걷고 이야기하듯 쉽고 자연스러운 일입니다. 아빠와 딸의 관계에서 아빠는 늘 내 편이시고 든든한 나의 빽이기 때문입니다. 나는 하나님의 택한 족속이요 왕 같은 제사장이며 거룩한 나라입니다.

당신도 마음껏 기도하십시오. 기도하면 새 인생이 열립니다.

나에게 주님은 새로운 이름도 주셨습니다.

그 이름은 '게렌합북'입니다. 누구일까요?

욥의 셋째 딸로 미모와 기업을 받은 인물입니다.

나는 나의 새로운 이름이 자랑스럽습니다.

하나님은 또 나에게 "달리다굼"이라고 여러 번 말씀하셨습니다. "소녀야, 일어나라!"(막 5:41) 그래서 나는 일어나 걷습니다.

새 힘을 주시는 그분을 의지하여 오늘도 일어나 걷습니다.

그분은 내게 부드럽게 사랑한다고 말을 거십니다.

"너의 하나님 여호와가 너의 가운데 계시니 그는 구원을 베푸실 전능자시라. 그가 너로 인하여 기쁨을 이기지 못하시며 너를 잠잠히 사랑하시며 즐거이 부르며 기뻐하시리라."(습 3:17)

그분은 내게 "나의 어여쁜 자야, 일어나 함께 가자"고 부르십니다. 나는 이런 하나님 아버지가 너무나 좋습니다.

"아버지, 사랑합니다. 아버지가 많이 좋아요."

하나님도 내게 말씀하십니다.

"나도 너를 사랑한다. 네가 많이 좋다."

당신은 노예와 하녀가 아닌 왕이다

당신은 스타벅스를 좋아하십니까?

나는 스타벅스를 굉장히 좋아합니다. 지금도 스타벅스에 앉아 이 글을 쓰고 있습니다. 당신은 맥도날드를 좋아하십니까? 나는 맥도날드를 사랑합니다. 어젯밤에도 친구를 만나 해피밀 세트를 먹고 원더우먼 장난감을 득템했습니다.

스타벅스와 맥도날드의 공통점이 무엇인지 아십니까?

바로 세계적인 브랜드라는 것입니다.

나는 세계적인 브랜드를 좋아합니다. 명품도 사랑합니다.

'노블레스'는 내가 나에게 지어 준 별명입니다. 나는 노 씨이고 축복하고 축복받은 사람이라 위트 있는 이름을 붙여 보았습니다.

나는 오랜 세월을 바보같이 속고 살아왔습니다.

미운 오리 새끼 이야기처럼 나는 백조인데 뒤뚱거리는 오리들

사이에서 '나는 왜 저 오리처럼 뒤뚱거리며 걷지 못할까?'하며 스스로를 책망하고 가두며 살아왔던 것입니다. 오리들은 나를 못살게 굴었습니다. 그것은 그들의 잘못이 아닙니다. 그들은 오리이기 때문입니다. 뒤뚱거리는 오리는 우아한 백조의 생활양식과 사고방식을 이해할 수도 닮아 갈 수도 없습니다.

당신은 누구입니까? 그리스도 안에서 당신은 노예와 하녀가 아닌 왕족과 여왕입니다. 당신의 정체성을 찾고 지키십시오.

나는 오늘도 마음껏 비상합니다.

당신은 하늘나라 시민권을 가졌다

당신의 국적은 어디입니까?

나는 하나님께 미국 시민권을 선물로 받았습니다.

미국 법에 따르면 외교관의 자녀는 미국 시민권을 취득할 수 없습니다. 하지만 주님께서는 은혜로 그분의 계획하심과 예정하심에 따라 내게 미국 시민권을 주셨습니다.

미국 시민권자는 북한에도 마음껏 갈 수 있습니다. 이 모든 것은 나를 통해 복음을 전파하기 위한 하나님의 큰 계획입니다.

나는 나의 앞길을 알지 못하지만 그저 성령님의 인도하심과 이끄심에 따라 한 발자국씩 내딛습니다. 아브라함이 갈 바를 알지 못하고 본토 친척과 아비 집을 떠난 것과 같습니다.

당신을 향한 하나님의 놀라운 계획을 믿으십시오.

당신이 지금 어디에 있든지, 무엇을 하든지, 어떤 복을 받았든지, 때가 되면 하나님이 그 모든 것을 합력하여 그분의 놀라운 계획을 이루실 것입니다. "네가 왕후의 자리를 얻은 것이 이때를 위함이 아닌지 누가 알겠느냐 하니……."(에 4:14)

당신은 지금 어떤 시민권을 가지고 있습니까? 사도행전 22장 28절을 보면 천부장이 바울에게 "나는 많은 돈을 들여 로마 시민권을 얻었다"고 말했습니다. 그때 바울은 "나는 날 때부터 로마 시민이오"라고 대답했습니다. 로마 시민권도 큰 것입니다. 하지만 로마 시민권보다 더 큰 것이 하늘나라 시민권입니다.

당신은 그리스도 안에서 하늘나라 시민권을 가졌습니다.

"그러나 우리의 시민권은 하늘에 있는지라."(빌 3:20)

하늘나라 시민권을 자랑스럽게 여기십시오.

당신은 하늘나라 시민입니다.

전능하신 하나님께 부동산을 구하라

당신은 미국의 대통령 트럼프를 지지하십니까?

나는 트럼프를 지지하고 응원합니다. 트럼프가 하나님을 믿고 있고 그의 마인드가 "크게 생각하라"이기 때문입니다. 재미있는 사실은 내가 소유한 부동산의 이름도 '트럼프 월드'(Trump World)라는 것입니다. 하나님이 내게 기도 응답으로 주신 것입니다.

당신도 하나님께 부동산을 구하십시오. 그러면 주십니다.

나는 성령 안에서 나의 미래가 너무나도 기대됩니다.

나는 성령님과 함께 날마다 크게 생각합니다. 이 세상보다 크시고 이 세상을 이기신 분이 내 안에 거하시고 또 내가 그분 안에 거하기 때문입니다. 나는 크신 하나님의 자녀입니다.

하나님의 자녀는 크게 생각해야 합니다. "자녀들아, 너희는 하나님께 속하였고 또 그들을 이기었나니 이는 너희 안에 계신 이가 세상에 있는 자보다 크심이라."(요일 4:4)

크게 생각하면 대부분의 문제는 쉽게 해결됩니다.

크게 생각하면 작은 일로 상처받지 않습니다.

오늘도 크게 생각하십시오.

비참한 삶이 아닌 비옥한 삶을 살라

당신이 가장 좋아하는 칼라는 무엇입니까?

나는 형광색과 블루, 퍼플, 오렌지를 특히 좋아합니다. 깜깜한 밤도 밝게 밝혀 줄 것만 같은 형광 노란색을 좋아합니다.

블루, 퍼플, 오렌지는 구약시대 제사장들의 옷 칼라입니다.

나는 제사장이기에 제사장의 칼라를 선호합니다. 남편은 블루, 나는 퍼플, 딸은 오렌지, 아들은 블루를 가장 좋아합니다.

야곱은 요셉에게 채색 옷을 입혔습니다. 화이트와 블랙도 고상하지만 인생에는 다양한 색이 있습니다. 당신은 어떤 인생입니까? 화이트 칼라입니까? 블랙 칼라입니까? 그레이 칼라입니까?

인생은 무지개처럼 빨주노초파남보의 풍성한 색깔이 있습니다.

그리스도 안에서 누리는 복도 의와 성령 충만, 건강과 부요함, 지혜와 평화와 생명 등 일곱 가지입니다. 창세기부터 요한계시록까지의 모든 성경은 이러한 일곱 가지 복을 모두 받아 누리라고 말씀합니다. 성경 66권, 모든 성경은 하나님의 감동으로 된 것입니다. 당신은 한 가지만 아닌 모두 받아 누릴 자격이 있습니다.

의롭지만 목말라 헐떡이지 않습니까? 성령 충만하지만 몸이 아프지 않습니까? 건강하지만 가난에 찌들어 있지 않습니까? 부요하지만 미련하지 않습니까? 지혜를 얻었지만 마음에 평화가 없지 않습니까? 마음에 평화가 있지만 영생에 대한 확신이 없지 않습니까? 하나님은 결코 한 가지만 약속하지 않았습니다. 의와 성령 충만, 건강과 부요, 지혜와 평화와 생명, 이 모든 것이 당신에게 풍성히 있어야 한다고 말씀하십니다. 전인 구원의 복음입니다.

왜 이 모든 것을 받아 누려야 할까요?

예수님이 십자가에서 이 모든 것에 대한 값을 다 지불했기 때문입니다. 예수님이 죄와 목마름, 병과 가난, 어리석음과 징계, 죽음에 대한 값을 다 지불하고 십자가에서 피와 땀과 눈물을 흘리며 죽으셨습니다. 그분은 "다 이루었다"(요 19:30)고 외치셨습니다. 이 말씀은 '값을 다 지불했다, 대가를 다 치렀다'는 뜻입니다.

그러므로 의와 성령 충만, 건강과 부요, 지혜와 평화와 생명을 풍성히 누리며 행복하게 살아야 합니다. 지옥처럼 비참하게 살지 말고 천국처럼 비옥하게 살아야 합니다. 생각을 바꾸십시오.

"천국같이 살다가 천국으로 갑시다."

하루를 살아도 럭셔리한 일상을 즐겨라

당신의 일상을 나눠줄 수 있습니까?

나는 이 책을 통해 당신을 나의 일상으로 초대하고자 합니다.

나는 아침에 일어나면 미지근한 물 한 잔을 천천히 씹어 마셔 내 몸을 디톡스(detox)합니다. 심호흡을 하며 "하나님, 감사합니다"라고 말을 건넵니다. 물을 가까이하는 것은 예뻐지는 가장 쉬운 방법입니다. 나는 차안에도 가방에도 생수를 두기 좋아합니다.

아침 세안은 세안제 없이 물로 가볍게 클렌징하고 정성들여 이를 닦습니다. 치약은 그날 기분 따라 쓸 수 있게 종류별로 다양하게 화장실에 구비해 둡니다. 샤워를 못하더라도 새로운 속옷으로 갈아입고 집에만 있더라도 잠옷은 새로운 옷으로 갈아입습니다.

그리고 그 날 가장 이끌리는 칼라의 편안한 옷을 꺼내 입습니다. 나는 최근에 제사장이 입는 칼라(블루, 퍼플, 오렌지)를 여러 벌 구입했습니다. 청자켓은 영하고 캐주얼해 보여 여러 개 갖고 있고 보라색 옷도 기분이 다운될 때 꺼내 입으면 치유되는 효과가 있어 좋습니다. 오렌지 칼라는 생기를 주고 보는 사람에게 소통이 수월하도록 이끌어 주는 마법의 칼라입니다.

당신과 자녀의 옷에 크게 투자하라

당신은 린넨 옷을 좋아하십니까?

나는 린넨을 좋아합니다. '마'라고도 불리는데 여름에 시원하고 자연스러운 구김도 멋스럽습니다. 사무엘은 어렸을 때 세마포에 봇을 입고 여호와 하나님을 섬겼습니다. 세마포는 린넨입니다.

옷을 입을 때도 "나는 제사장이다"라는 마음가짐으로 깔끔하고 귀티 나게 입으면 일상이 달라집니다. 요셉에게 아버지는 채색 옷 곧 무지개 옷을 입혀 주었고 이후에 요셉은 총리가 됩니다.

예전의 나의 옷장엔 무채색 옷밖에 없었습니다. 검정색, 회색, 흰색 등, 지금 당신의 옷장에 무채색 옷밖에 없다면 어떻게 해야 할까요? 옷을 모두 새로 살 수 없다면 스카프를 사는 것을 추천합니다. 에르메스 스카프는 큰 사이즈가 40만 원 정도 하는데 한번 사두면 오래 쓸 수 있습니다. 처음 구입이라면 에르메스의 시그니처 칼라인 오렌지가 들어간 스카프를 추천합니다.

한겨울에도 블랙 폴라에 스카프 하나면 충분합니다.

나는 우리 왕자 공주에게도 알록달록한 무지개 옷들을 입혀 주었습니다. 옷은 그저 걸치는 옷감 이상의 의미가 있습니다.

현재 수중에 돈이 많지 않더라도 자신을 위해, 자녀들을 위해 아름다운 옷감의 옷을 입혀 주기를 권합니다. 잠언 31장에 나오는 현숙한 여인도 가족의 옷에 투자했습니다. "누가 현숙한 여인을 찾아 얻겠느냐? 그의 값은 진주보다 더하니라. 자기 집 사람들은 다 홍색 옷을 입었으므로 눈이 와도 그는 자기 집 사람들을 위하여 염려하지 아니하며 그는 자기를 위하여 아름다운 이불을 지으며 세마포와 자색 옷을 입으며……."(잠 31:10, 21~22)

하나님은 아담과 이브에게도 가죽 옷을 지어 입혀 주셨습니다.

사랑하는 자녀들에게 최고의 옷을 입혀 주십시오.

궁상떨지 말고 부요 믿음으로 살라

당신이 퀸이라면 누구와 어울리겠습니까?

퀸은 퀸끼리 어울려야 합니다. 교만한 발상이 아닙니다.

내 안에 온유하고 겸손한 그분이 계시기에 나는 온유하고 겸손합니다. 나는 죽고 예수로 삽니다. 내 안에 사는 것이 그리스도니 내가 죽는 것도 유익합니다. 그래서 나는 죽고 예수로 사는 삶을 선택했습니다. 나는 그리스도 안에서 왕 노릇하는 여왕입니다.

퀸이 퀸답게 살려면 하나님이 주신 퀸의 위치와 영역을 소중히 여기고 잘 지켜야 합니다. 퀸은 퀸과 어울려야 합니다. 퀸이 퀸과 어울리지 않고 찾아오는 모든 사람을 기쁘게 하고 만족시키려다 보면 문제가 생깁니다. 나는 이 진리를 몰라, 살면서 많은 시간을 허비했고 그들에게도 의도치 않은 상처를 입혔습니다. 당신은 왕 같은 제사장입니다. 이것을 잠시도 잊지 말고 명심해야 합니다.

왕 같은 제사장은 아름다운 소식 곧 복음을 전하는 사람입니다. 복음은 무엇일까요? 내 안에 살아 계신 그리스도입니다. 내 안의 보물이신 주 예수님을 전하는데 쭈뼛거리거나 눈치를 볼 필요가 없습니다. 당신이 누군가를 만나 당신이 가진 다이아몬드를 나누어 주려 한다면 저자세를 취해야 할까요? 그렇지 않습니다.

당신은 세상에서 가장 귀하고 기쁜 소식 곧 복음을 전달하는 하나님의 대사입니다. 그렇다면 아주 당당하고 자신감 있게 전해야 합니다. 그들이 받아들이지 않으면 그들만 손해입니다.

나는 예전에 귀한 복음을 전하며 눈치를 많이 보았습니다.

하지만 이제는 달라졌습니다. 내 안에 빛이신 주님이 강하게 역사하시므로 온 열방이, 세계 만민이 나에게로 나아옵니다.

나는 그분께서 이때를 위하여 지으시고 예비하신 등불이며 그릇입니다. 나는 내 인생에 그분의 뜻이 이루어지기만 소망합니다.

나는 성전을 관리하듯 내 몸을 일상에 잘 사용합니다.

내 몸은 하나님의 거룩한 성전이기 때문입니다.

당신은 하나님의 대사입니다. 그리고 하나님의 자녀입니다.

그러므로 항상 거룩하고 부요 믿음으로 생활하십시오.

그분의 자녀인 당신은 궁상을 떨 필요가 없습니다.

결코 한순간도 궁상떨지 말아야 합니다.

오늘도 부요 믿음으로 사십시오.

당신을 향한 하나님의 계획을 신뢰하라

당신은 당신을 향한 그분의 계획을 신뢰합니까?

나는 그분을 온전히 신뢰합니다. 나는 하늘이 땅에서 높음 같이 나보다 한없이 크신 내 안의 성령님만을 항상 의지합니다.

나는 예전부터 계획 세우는 것을 참 좋아했습니다. 하지만 어느 날 나의 생각이 우상이 될 수도 있다는 것을 깨달았습니다.

나는 내일 일을 모르고 삽니다. 다만 기대하고 기도합니다.

주님의 인도하심을 늘 구하고 사모합니다.

나는 아침에 눈을 뜨면 기도합니다. 오늘도 만날 사람과 만날 장소를 주님께서 간섭해 달라는 기도입니다. 그러면 신기하게도 먼 곳에서 반가운 연락이 오기도 하고 쓸데없는 만남은 저절로 없어지기도 합니다. 나는 이런 경험을 수없이 많이 했습니다. 주님께서 기뻐하시지 않는 만남이 없어지는 경우가 많습니다.

우리는 소중한 시간을 허비하지 말아야 합니다.

때가 악하니 세월을 아끼고 깨어 있어야 합니다.

예전엔 내 마음 가는대로 친구에게 전화하고 만남을 잡았다면 이제는 성령님께 묻고 움직입니다. 그러면 세상이 줄 수 없는 평강이 가득한 만남들로 하루, 일주일, 한 달, 일 년을 채우게 됩니다. 시도 때도 없이 전화하며 당신의 소중한 시간을 빼앗는 시간 도둑이 있습니다. 그들은 자신이 무슨 짓을 하는지도 모르고 아무에게나 함부로 그런 일을 합니다. 그런 사람을 차단하십시오.

그러면 하나님이 더 좋은 사람들을 만나게 하십니다.

당신은 더 많이 거절하는 법을 익혀야 합니다.

당신의 마음이 약하다는 것은 잘못된 것입니다.

하나님께서는 강하고 담대하라고 말씀하셨습니다.

죄가 아니면 잘못이 아니니 두려워할 필요가 없습니다.

당신은 나처럼 시간 도둑을 인생에서 멀리해야 합니다.

그들에게 전화가 오면 "나는 지금 바쁘다"고 단호하게 말하고 용건만 묻고 빨리 끊으십시오. 정에 얽매이다가 인생을 망칩니다.

정에 매이지 말고 성령님의 인도하심을 받으며 사십시오.

예수님은 오직 하나님의 뜻에 의해서만 움직이셨습니다.

뒤를 돌아보지 말고 앞으로만 움직여야 합니다.

유전으로 인한 연약함을 치유하라

당신은 거듭났습니까? 나는 새로 태어났습니다.

나는 성령으로 거듭나서 하나님의 자녀가 되었기 때문에 하나님의 유전자를 갖고 있습니다. 내 유전자는 완전히 바뀌었습니다.

그동안 나는 유전 핑계를 대며 저혈압, 우울증, 귀의 염증 등을 합리화했지만 이제는 아닙니다. 새로 태어난 내게는 옛 유전으로 인한 질병과 연약함이 다 사라졌습니다. 예수님은 "너의 믿음이 너를 구원하였다"고 하셨습니다. 나는 믿음으로 기도하였고 모든 병과 저주에서 벗어났습니다. 나는 건강하고 행복합니다.

당신은 나 같은 실수를 하지 말기 바랍니다.

당신이 지금 예수를 구주로 믿고 있다면 당신은 더 이상 혈통이나 육정이나 사람의 뜻으로 난 옛 사람처럼 살지 말아야 합니다. 당신은 하나님께로부터 난 하나님의 자녀입니다. 하나님의 자녀는 어두움이 아니고 빛입니다. 당신은 빛의 자녀입니다.

나는 이것을 몰라 마음이 어두워지고 영혼이 잠든 채로 오랜 시간을 허비했습니다. 하나님이 내게 그런 어두움의 시간들을 허락하신 이유는 당신에게 나 같은 실수를 하지 말라고 전하기 위함입니다. 나는 교회에 나갔지만 눈이 가리고 귀가 닫힌 채 살았습니다. 반쪽 복음을 가지고 마음의 짐을 해결 받지 못하고 살았습니다. 그런 내가 지금은 온전한 복음을 깨닫고 행복해졌습니다.

당신에게 어떤 유전적인 문제가 있습니까? 그것을 인정하고 받아들이지 말고 나사렛 예수 그리스도의 이름으로 명령하십시오.

"나사렛 예수 그리스도의 이름으로 명하노니 치유되어라."

그러면 깨끗이 나을 것입니다. 아멘.

평강의 왕이신 하나님을 모시고 살라

당신은 날마다 평강 가운데 삽니까?

나는 평강의 왕이신 그분을 내 안에 모심으로 내 영혼이 항상 기쁘고 평안합니다. 세상이 줄 수도, 알 수도 없는 평안함 가운데 날마다 행복하게 살고 있습니다. 당신이 만약 예수님을 믿는데 늘 마음이 바쁘고 슬프고 걱정 가운데 있다면 그것은 크게 잘못된 것입니다. 예수를 믿는 사람은 항상 기쁘고 행복해야 합니다.

항상 기뻐하고, 쉬지 말고 기도하고, 범사에 감사하는 것이 우리를 향하신 하나님의 뜻입니다. 주님은 사랑이시고 그분의 사랑하는 자녀인 우리가 그렇게 행복하게 살기를 원하십니다.

예수를 믿고 사는 것은 어려운 일이 아닙니다.

온갖 종교 행위가 가정생활을 어렵게 만든다면 다 내려놓아도 상관없습니다. 당신이 그분을 진정으로 예배하고 기뻐한다면 당신의 달라짐을 가장 가까운 가족들이 금방 느끼게 될 것입니다.

그리고 모든 것이 자연스럽게 제 자리를 찾게 될 것입니다.

당신 안에 예수님의 기쁨이 가득합니다.

오늘도 하루 종일 기뻐하십시오.

산책하면서 성령님께 말을 걸라

당신은 남편 때문에 스트레스 받은 적이 없습니까?

전사처럼 싸우지 말고 주 안에서 남편을 존중하십시오.

나는 한 달 전에 스스로 사모의 길을 걷자고 다짐했습니다.

당신도 사라가 아브라함을 '주'라고 칭했듯 남편을 높이고 순종하고 세워 주십시오. 현상과 상관없이 가정의 제사장으로 세워진 남편을 더욱 사랑하고 인정하고 존중해 주십시오. 그러면 지옥 같던 집구석이 천국으로 변하는 기적을 맛보게 될 것입니다.

당신의 집에서 일어나는 문제는 대부분 작은 것입니다.

작은 일 때문에 스트레스 받지 말고 기도해서 응답받으십시오.

기도하되 믿음의 장성한 분량의 기도를 해야 합니다.

하나님의 말씀을 붙잡고 기도하십시오.

기도가 나오지 않을 때는 산책을 하며 주님의 아름다운 작품인 자연을 감상하십시오. 그러면 자연이 말을 걸듯 성령님의 세밀한 속삭임을 들을 수 있습니다. 기도는 쉽습니다. "성령님, 제게 말씀해 주세요. 주님과 친해지고 싶어요"라고 말하면 됩니다.

오늘도 산책하며 성령님께 말을 걸어 보세요.

"사랑하는 성령님……."

당신도 하나님 아버지께 당당히 청구하라

당신은 좋아하는 음식이 무엇입니까?

나는 어젯밤에 먹고 싶은 음식이 있어 종이에 쓰고 잤습니다.

그런데 놀랍게도 오늘 엄마가 퀵으로 그 음식을 보내 주셨습니다. 누가 보면 재미있는 우연 같은 일이지만 내게는 매순간 일어납니다. 당신도 이제부터 먹고 싶은 음식, 가지고 싶은 옷, 원하는 건물, 집, 땅, 친구, 배우자, 무엇이든 종이에 쓰길 권합니다.

기도는 하나님 아버지께 당당히 청구하는 것입니다. 그분은 그분의 자녀가 노예나 하녀처럼 눈치 보는 것을 원치 않으십니다.

나는 그리스도 안에서의 정체성을 깨닫고 언어 태도 습관 등 모든 것이 달라졌습니다. 여왕같이 말하고 생각하고 명령합니다.

로마서 5장 17절에 그리스도인의 왕 노릇에 대해 말씀합니다.

"한 사람의 범죄를 인하여 사망이 그 한 사람으로 말미암아 왕 노릇 하였은즉 더욱 은혜와 의의 선물을 넘치게 받는 자들이 한 분 예수 그리스도로 말미암아 생명 안에서 왕 노릇 하리로다."

당신은 예수님처럼 온유하고 겸손한 왕입니다. 매일 당당하고 겸손하게 당신의 하루를 그분과 함께 시작하길 축복합니다.

나는 하나님의 주신 복에 대해 몇 가지 적어 보았습니다.

〈 강남 퀸의 소유 리스트 〉

아름다움과 지혜
이상형 남편
축복이 행복이, 두 자녀
트럼프 월드 등

당신도 하나님께 무엇이든지 구하십시오. 그러면 받을 것입니다. 상처받지 말고 응답받으십시오. 그러면 부요해질 것입니다.

성경은 당신에게 "모든 일에 기도하라"고 말씀합니다.

기도하는 사람은 복을 받습니다. 왜일까요? 하나님이 기적을 통해 응답하시기 때문입니다. 기도는 무엇입니까? 당신이 원하는 것을 눈에 보이는 사람이 아닌, 눈에 보이지 않는 하나님께 구하는 것입니다. 하나님께 구하면 하나님이 다 응답하십니다.

하나님은 '보이지 않는 공급자'이십니다.

"너는 내게 구하라. 내가 네게 응답하겠고 네가 알지 못하는 크고 비밀한 일을 보이리라. 구하라 그리하면 얻을 것이요, 찾으라 그리하면 찾을 것이요, 두드리라 그리하면 열릴 것이니……."

지금까지도 그랬지만 앞으로도 나는 그분을 더욱 많이 믿을 것입니다. 또한 더욱 많이 구하여 얻고, 찾을 때까지 찾고, 열릴 때까지 두드릴 것입니다. 내 인생은 모두 하나님의 응답입니다.

당신도 억만 가지를 구하고 다 응답받기를 바랍니다.

나는 1퍼센트이고 복덩이다

당신이 가장 좋아하는 친구는 누구입니까?

내가 가장 좋아하는 친구는 중학교 때 만난 24년지기입니다.

그 친구는 나에게 "너는 1퍼센트이고 복덩이다"라고 이야기해 주었습니다. 내가 그 친구를 가장 좋아하는 이유는 나의 가치를 알아봐 줬기 때문입니다. 나도 그 친구의 가치를 알아봤습니다.

그 친구는 평범하지 않았고 남들보다 10년은 앞서갔습니다. 그래서 그 친구는 모든 사람이 좋아하는 친구는 아닙니다. 무난하고 튀지 않는 게 아니라 어딜 가든 튀고 드러나기 때문입니다.

지금 그 친구는 전 세계를 누비며 비즈니스를 하고 있습니다.

앞으로가 더욱 기대가 되는 친구입니다.

나는 한때 사람들의 말을 듣고 마음이 무너져, 소원이 고작 동네 상가에서 네일샵이나 하나 내볼까 한 적이 있었습니다. 지금은 내 인생이 바뀌었습니다. 성령님과 함께 큰 꿈을 꾸는 사람이 되었고, 오직 성령님의 인도를 받는 '성령의 사람'이 되었습니다.

당신은 어떤 꿈이 있습니까? 큰 꿈을 가지십시오.

당신은 주위 사람들이 생각하는 것처럼 그런 하찮은 존재가 아닙니다. 당신의 진정한 가치를 깨닫고 크게 생각하고 크게 꿈꾸십시오. 당신은 큰 인생을 살아야 하는 존귀한 사람입니다.

나는 그리스도 안에서 내 존재 가치를 깨달았습니다. 내 몸에는 100조개의 세포가 있는데 하나에 1원이라고 해도 나의 가치는 100조 원이 넘습니다. 하나에 10원이라면 천조 원이 넘습니다.

이처럼 귀한 내가 작은 꿈을 꾼다는 것은 말도 안 됩니다.

예수님은 베드로에게 "너는 고기만 잡아야 하는 어부 인생이 아니다. 나를 따라 오너라. 내가 너로 사람을 낚는 어부가 되게 하겠다"고 하셨습니다. 베드로는 순종했고 큰 인물이 되었습니다.

당신도 큰 꿈을 꾸십시오. 그래야 크게 이룹니다.

당신은 구체적인 꿈이 있습니까? 나는 그런 꿈이 있습니다.

내 꿈은 전 세계를 다니며 강연하며 내 안에 계신 그분을 전하는 것입니다. 나는 성령 안에서 시간과 공간을 초월해 그 꿈이 이루어졌다고 믿습니다. 나는 세계적인 복음 전도자입니다.

나는 3개 국어가 가능합니다. 영어, 일어, 중국어가 가능합니다. 나의 꿈은 테드에서 영어로 강의하고 세바시에서 나의 삶을 나누는 것입니다. 나는 닉 부이치치처럼 책을 쓰고 전 세계를 누비며 강연합니다. 하나님께서는 그분의 기쁘신 뜻을 위하여 마음에 소원을 두고 행하게 하신다고 하셨습니다. 그분의 뜻은 반드시 이루어집니다. 내가 하는 것이 아니라 그분이 일하십니다.

그렇기에 나에겐 두려움이 없습니다. 어떤 불가능도 없습니다.

믿는 자에게 능치 못할 일이 없기 때문입니다.

하나님께서는 나를 창세전에 택하시고 특별한 계획하심으로 내 인생을 설계하셨습니다. 내 가슴은 날마다 뜨겁습니다.

지금 스타벅스에 앉아 이 글을 쓰는 순간이 너무 감사하고 행복합니다. 이 글을 읽는 당신에게 오늘 이 순간 기적 같은 선물로 임하실 하나님을 찬양하고 높여 드립니다. 하나님, 감사합니다.

당신을 축복합니다.

나는 예수님을 만나 복덩어리가 되었다

성령님이 내 안에 한강처럼 흐르고 있다

당신은 하루 중에 무슨 말을 가장 많이 합니까?

내가 하루 중에 가장 많이 하는 말이 있습니다. 무엇일까요?

"성령님, 사랑합니다."

"성령님, 감사합니다."

"성령님, 행복합니다."

내 인생은 사랑이 넘치고 감사가 넘치고 행복이 넘칩니다.

다 성령님 덕분입니다. 성령님 덕분에 원망, 불평하며 불행하게 살던 인생이 억만 번이나 감사하는 행복한 인생으로 바뀌었습니다. 나는 수시로 흥얼거리며 노래를 부릅니다.

"나는 행복합니다. 행복합니다. 성령님이 계시니 행복합니다."

내 인생은 예수님을 믿기 전과 후로 나뉩니다.

예수님을 믿기 전에는 '죄목병가어징죽'(죄, 목마름, 병, 가난, 어리석음, 징계, 죽음)의 저주 가운데 있었고 지옥 시민으로 어둡고 캄캄하고 괴로운 인생이었지만 예수님을 믿음으로 말미암아 모든 죄를 사함 받고 성령으로 거듭나 하나님의 자녀가 되었고 천국 시민이 되었습니다. 새로운 피조물이 되어 '의성건부지평생'(의, 성령 충만, 건강, 부요, 지혜, 평화, 생명)을 풍성히 얻게 되었습니다.

당신은 어떻습니까? 천국의 행복이 넘치고 있습니까?

나는 내 안에 가득히 계신 성령님 때문에 날마다 행복합니다.

"나를 믿는 자는 그 배에서 생수의 강이 흘러 나리라"는 예수님의 말씀처럼 성령님이 내 안에 한강처럼 가득히 들어와 계십니다.

나는 일곱 가지 복을 선물로 받았습니다. 무엇일까요?

나는 의인이고 천국 시민으로 복음을 전한다

첫째, 그리스도 안에서 나는 의인입니다.

예수님께서 나의 모든 죄를 짊어지고 죽으셨기 때문에 나는 의인이 되었습니다. 예수님을 믿음으로 말미암아 의인이 되고 복덩어리 인생이 된 나는 악인의 꾀를 따르지 않고 죄인들의 길에 서지 않으며 오만한 자의 자리에 앉지 않습니다. 하나님의 말씀인 성경을 즐거워하며 주야로 묵상합니다. 나는 하는 모든 일이 다 잘됩니다. 나는 항상 말합니다.

"다 잘됩니다. 더 잘되고 있습니다."

하나님께서 의인인 나의 길을 인정하시고 항상 나와 함께 하십니다. 나는 복덩어리입니다. "허물의 사함을 받고 자신의 죄가 가려진 자는 복이 있도다."(시 32:1) "그리스도께서 우리를 위하여 저주를 받은바 되사 율법의 저주에서 우리를 속량하셨다"(갈 3:13)고 했는데 내가 바로 그런 복을 받았기 때문입니다.

나는 복 있는 사람이 되었습니다.

"복 있는 사람은 악인들의 꾀를 따르지 아니하며 죄인들의 길에 서지 아니하며 오만한 자들의 자리에 앉지 아니하고 오직 여호와의 율법을 즐거워하여 그의 율법을 주야로 묵상하는도다. 그는 시냇가에 심은 나무가 철을 따라 열매를 맺으며 그 잎사귀가 마르지 아니함 같으니 그가 하는 모든 일이 다 형통하리로다."(시 1:1~3)

내가 구원 받아 천국 시민이 되었기 때문에 나는 수많은 사람들에게 복음을 전하며 전도합니다. 전도 외에는 할 일이 없습니다. 내 취미이자 전공은 복음을 전하는 것입니다. 나는 성령님의 인도하심을 따라 모든 때에 모든 방법으로 전도합니다. 최고의 전도 전략은 복음을 담은 책을 써서 전도하는 것입니다. 책은 날개가 있어 전 세계, 전국 방방곡곡 안 가는 곳이 없습니다.

예수님을 믿는 사람은 이미 구원 받았습니다. 지금 죽어도 천국에 넉넉히 들어갑니다. 예수님을 믿지 않는 불쌍한 영혼들은 고통이 억만 배나 큰 지옥에 갑니다. 그래서 전도해야 합니다.

전도는 부활하신 예수님의 명령입니다.

"너희는 온 천하에 다니며 만민에게 복음을 전파하라."(막 16:15) "오직 성령이 너희에게 임하시면 너희가 권능을 받고 예루살렘과 온 유대와 사마리아와 땅 끝까지 이르러 내 증인이 되리라 하시니라."(행 1:8)

당신이 쓴 복음이 담긴 책이 당신 대신 온 천하에 다니며 복음을 전하게 하십시오. 당신도 꼭 책을 써서 책으로 전도하십시오.

내 안에 성령님이 한강처럼 가득히 들어와 계신다

둘째, 그리스도 안에서 나는 성령 충만합니다.

예수님께서 나의 목마름을 짊어지고 죽으셨기 때문에 나는 목마르지 않고 성령 충만합니다. 성령님이 나를 떠나지 않고 버리지 않고 항상 함께 계시니 부족하지 않고 내 잔이 넘칩니다. 그러므로 나는 하나도 외롭거나 슬프거나 고독하지 않습니다. 기쁨이 넘치고 웃음이 넘치고 행복이 넘칩니다. 항상 기뻐하며 성령님과 교제하고 대화하며 범사에 감사합니다. 가장 좋은 친구가 되시는 성령님과 함께 모든 일을 합니다. 나는 이렇게 말합니다.

"성령님, 함께 책을 읽으시지요."

"성령님, 함께 책을 쓰시지요."

"성령님, 함께 걸으시지요."

"성령님, 함께 식사하시지요."

"성령님, 함께 보시지요."

"성령님, 함께 타시지요."

"성령님, 함께 운동하시지요."

"성령님, 함께 하시지요."

성령님과 함께 살아가는 하루하루는 정말 신나고 살맛납니다.

성령님이 안 계실 때는 하루하루 사는 것이 곤욕이고 힘들고 불안했습니다. 그러다 성령님이 함께 계시니 어디나 천국입니다.

어느 날 성령님께서 씻고 있는 내게 말씀하셨습니다.

"네게 먼저 복을 주고 싶다. 네게 먼저 복을 주겠다."

그리고 성경 말씀을 떠올려 주셨습니다.

"여호와는 네게 복을 주시고 너를 지키시기를 원하며 여호와는 그의 얼굴을 네게 비추사 은혜 베푸시기를 원하며 여호와는 그 얼굴을 네게로 향하여 드사 평강 주시기를 원하노라."(민 6:24~26)

나는 지금까지 성령님의 인도를 받으며 살아왔습니다.

그동안 하나님은 수많은 복을 내게 먼저 부어 주셨습니다.

복음이 담긴 귀한 책을 다 사서 읽으며 귀한 깨달음을 얻게 하셨고, 책쓰기학교 코칭도 받고, 자기 계발에 투자하게 하셨고, 신학대학도 졸업하게 하셨고, 서울목자교회에서 예배하며 귀한 말씀을 듣게 하셨고, 책도 여러 권 쓰게 하셨고, 출판사도 차리게 하셨고, 좋은 집도 주셨고, 아이도 건강하게 잘 태어나게 하셨고, 가족과 친척 모두 건강하고 잘되게 하셨습니다.

정말 말하자면 끝도 없습니다.

지금도 성령님께서는 내게 먼저 복을 계속 주고 계십니다.

그래서 나는 어린아이가 선물을 기대하고 그 선물을 받으면 기뻐 춤추며 좋아하는 것처럼 날마다 성령님께서 주시는 선물을 기대하고 선물을 받을 때마다 기뻐 춤을 추며 좋아합니다.

내게 있는 모든 좋은 것은 성령님의 선물입니다.

"각양 좋은 은사와 온전한 선물이 다 위로부터 빛들의 아버지께로서 내려오나니 그는 변함도 없으시고 회전하는 그림자도 없으시니라."(약 1:17)

성령님께서는 내가 의롭고 거룩하고 성령 충만하고 기쁨이 넘치는 삶을 살게 하셨습니다. 또한 행복이 넘치고 감사가 넘치고 건강하고 부요하고 지혜롭고 평화가 가득하고 영원한 생명을 가지게 하셨습니다. 그리고 천국의 복을 풍성히 누리고 전하며 살 수 있도록 인도하셨습니다. 그래서 나는 말합니다.

"고생 끝 행복 시작, 지옥 끝 천국 시작, 오직 복음 전파."

당신은 주리고 목마르지 않습니까? 나는 복음을 깨닫고 그 모든 것이 다 해결되었습니다. "예수께서 이르시되 나는 생명의 떡이니 내게 오는 자는 결코 주리지 아니할 터이요 나를 믿는 자는 영원히 목마르지 아니하리라."(요 6:35)

성령님께서 함께 계시는 내 인생은 저절로 감사가 나오고 행복하고 기뻐 뛰며 춤을 춥니다. 우울한 인생에서 신나고 춤추는 인생으로 바뀌었습니다. 두려워하는 인생에서 두근거리며 설레는 인생으로 바뀌었습니다. 저주하는 인생에서 사랑하고 축복하는 인생으로 바뀌었습니다. 애쓰고 떼쓰는 인생에서 저절로 쉽게 잘되는 인생으로 바뀌었습니다. 슬프고 상처받은 인생에서 평강이 가득하고 화목한 인생으로 바뀌었습니다. 성령님과 함께하면 어려운 게 없고 놀이처럼 가볍고 쉽습니다. 나는 항상 말합니다.

"인생은 신나는 놀이다. 재밌게 즐기고 모든 것을 누려라."

성경은 당신에게 이런 행복한 삶을 약속하고 있습니다.

"수고하고 무거운 짐 진 자들아, 다 내게로 오라. 내가 너희를 쉬게 하리라."(마 11:28) "하나님의 나라는 먹는 것과 마시는 것이 아니요, 오직 성령 안에서 의와 평강과 희락이라."(롬 14:17)

당신은 성령 충만을 날마다 누리고 있습니까?

성령님은 당신 안에 가득히 들어와 살아 숨 쉬고 계십니다.

그러므로 항상 기뻐하고 성령님과 교제하며 범사에 감사하십시오. 이것이 당신을 향한 하나님의 뜻입니다. "항상 기뻐하라. 쉬지 말고 기도하라. 범사에 감사하라. 이것이 그리스도 예수 안에서 너희를 향하신 하나님의 뜻이니라."(살전 5:16~18)

나는 평생 젊고 건강하고 에너지가 넘친다

셋째, 그리스도 안에서 나는 젊고 건강하고 튼튼합니다.

예수님께서 나의 모든 질병과 연약함을 짊어지고 죽으셨기 때문에 나는 건강하고 튼튼합니다. 가장 위대한 의사이신 하나님은 모든 병을 고치십니다. 건강에 대한 믿음을 갖고 하루에 8시간 이상 잠을 푹 자고 하나님께서 정하신 깨끗한 식물인 곡식, 채소, 과일, 소고기, 양고기, 가금류(닭, 오리), 생선을 먹으면 건강하게 오래 살 수 있습니다. 대부분 병이 드는 것은 더러운 음식을 먹기 때문입니다. 세상을 다 얻고도 아프면 아무 소용이 없습니다.

건강해야 무엇을 입든 무엇을 갖든 멋있어 보입니다. 아픈 사람은 아무리 비싼 옷을 입고 돈이 많아도 다 헛되 보입니다. 건강해야 맛있는 음식도 먹고, 건강해야 운동도 하고, 건강해야 책도 보고, 건강해야 가족과 함께 행복을 누릴 수 있습니다. 건강해야 모든 일을 즐기며 할 수 있습니다. 이 땅에 사는 동안 건강하게 사는 것을 우선순위로 두고 건강관리를 잘하며 사십시오.

당신이 평생 건강한 것이 하나님의 절대적인 뜻입니다.

인생은 믿음대로 말대로 됩니다. 젊음과 건강에 대한 믿음을 가지십시오. 젊음을 믿으면 젊어지고 늙음을 믿으면 늙어집니다. 건강을 믿으면 건강해지고 병을 믿으면 병이 듭니다. 연약함을 믿으면 연약해지고 강함을 믿으면 강해집니다. 예수님께서 모든 질병과 연약함을 짊어지고 죽으셨으니 병과 연약함을 인정하거나 말하지 말고 건강과 튼튼함만 인정하고 믿으십시오. 33세이신 젊고 에너지 넘치고 건강하고 튼튼하신 예수님께서 당신 안에 살아계시니 당신은 젊고 에너지가 넘치고 건강하고 튼튼합니다.

"나는 서른세 살이다. 나는 젊고 건강하다"고 말하십시오.

성경에는 건강과 치유에 대한 약속이 많이 나옵니다.

"내 영혼아, 여호와를 송축하며 그 모든 은택을 잊지 말지어다. 저가 네 모든 죄악을 사하시며 네 모든 병을 고치신다."(시 103:2~3) "우리의 연약한 것을 친히 담당하시고 병을 짊어지셨다."(마 8:17) "예수께서 온 갈릴리에 두루 다니사 저희 회당에서

가르치시며 천국 복음을 전파하시며 백성 중에 모든 병과 모든 약한 것을 고치셨다."(마 4:23)

평생 건강하게 장수하려면 어떻게 해야 할까요?

첫째, 건강에 대한 믿음을 가지십시오.

건강만 믿고 말하십시오.

"예수님이 나의 모든 질병과 연약함을 다 가져가셨다. 나는 건강하고 튼튼하다. 다 나았다."

둘째, 더러운 것을 먹지 말고 하나님이 정하신 깨끗한 식물인 곡식, 채소, 과일, 소고기, 양고기, 가금류, 생선을 드십시오.

셋째, 8시간 잠을 푹 주무십시오.

잠을 못자면 하루 종일 몽롱하고 일의 능률도 없습니다. 잠을 푹 잘 자면 건강해집니다. 푹 쉬고 푹 주무십시오.

넷째, 하루에 10분이라도 운동을 하십시오.

몸에 무리가 가지 않을 정도로 매일 가볍게 운동하면 날씬하고 건강한 몸을 유지할 수 있습니다. 자신에게 맞는 운동을 찾아서 꾸준히 실천하기 바랍니다. 평생 병들지 말고 건강하게 살며 행복을 누리십시오. 이것이 당신을 향한 하나님의 뜻입니다.

잠언 3장 16절 말씀을 꼭 암송하십시오. "그의 오른손에는 장수가 있고 그의 왼손에는 부귀가 있나니……."

나는 모든 것이 넘치는 억만장자다

넷째, 그리스도 안에서 나는 부요합니다. 재벌입니다.

예수님께서 나의 가난을 짊어지고 죽으셨기 때문에 나는 부요합니다. 나는 항상 부요 믿음으로 살며 이렇게 말합니다.

"나는 부요하다. 억만장자다. 재벌이다."

예전에 나는 현상을 바라보며 궁상을 떤 적이 있습니다.

그때 성령님께서 내게 말씀하셨습니다.

"너는 억만장자다."

나는 "아멘" 하고 믿었고 현상과 상관없이 있을 때나 없을 때나 궁상떨지 않고 "나는 억만장자다. 나는 부요하다"라고 믿고 말했습니다. 그러자 성령님께서 내 믿음과 말대로 항상 넘치게 공급해 주셨고 내 삶에 억만장자의 부가 나타나기 시작했습니다.

사탄은 현상을 바라보게 만들고 없는 것 한 가지를 가지고 거지 의식을 불어넣었지만 나는 사탄의 거짓말을 받아들이지 않고 예수 이름으로 명령하여 마귀를 대적했습니다.

"예수 이름으로 명한다. 더러운 귀신아, 떠나가라."

성령님께서 주일 예배 시간에 설교 말씀을 통해 다시 믿음을 불어넣어 주셨습니다. "부요 믿음으로 살라."

예수님께서 십자가에서 모든 저주와 가난을 짊어지고 죽으셨습니다. 예수님을 믿으면 부요해집니다. 당신도 일시적인 현상과 상관없이 "나는 부요하다"고 말하며 부요 믿음으로 살면 하나님께서 당신의 믿음을 보시고 넘치게 공급해 주실 것입니다.

"우리 주 예수 그리스도의 은혜를 너희가 알거니와 부요하신 자로서 너희를 위하여 가난하게 되심은 그의 가난함을 인하여 너

희로 부요케 하려 하심이니라.”(고후 8:9)

하나님의 절대적인 뜻은 그분의 자녀가 부요해지는 것입니다.

우주 재벌 총수이신 하나님께서 그분의 은혜로 당신의 모든 쓸 것을 채우십니다. 모자라게 주지 않고 넘치게 주십니다.

하나님께서 당신에게 어떤 복을 주실까요?

첫째, 하나님께서 주시는 복은 근심을 겸하여 주지 않습니다.

“여호와께서 주시는 복은 사람을 부하게 하고 근심을 겸하여 주지 아니하시느니라.”(잠 10:22)

근심은 두려워하는 마음 때문에 생기는 것입니다. 사탄은 당신의 마음을 공격합니다. 그런 마음을 받아들이면 안 됩니다.

예수 이름으로 물리쳐야 합니다.

“그런즉 너희는 하나님께 복종할지어다. 마귀를 대적하라, 그리하면 너희를 피하리라.”(약 4:7)

사탄은 없는 것 한 가지를 가지고 거지 의식을 불어넣습니다.

사탄의 거짓말에 속으면 안 됩니다. 귀신의 말은 들을 필요가 없습니다. 예수 이름으로 명령하며 내쫓아야 합니다.

둘째, 아무것도 염려하지 말아야 합니다.

조바심을 갖거나 조급해 하면 염려하게 됩니다. 조바심을 갖지 마십시오. 하나님께서 매일 넘치게 채우십니다. 예수 그리스도는 어제나 오늘이나 영원토록 동일하신 분입니다. 하나님이 어제 채우셨다면 오늘도 채우시고 내일도 계속 채우십니다. 하나님의 전공은 채우시는 것입니다. 억만 번이나 채우십니다.

“아무 것도 염려하지 말고 다만 모든 일에 기도와 간구로, 너희

구할 것을 감사함으로 하나님께 아뢰라."(빌 4:6) "나의 하나님이 그리스도 예수 안에서 영광 가운데 그 풍성한 대로 너희 모든 쓸 것을 채우시리라."(빌 4:19)

셋째, 하나님께 무엇이든 구하십시오. 그러면 하나님이 행하십니다. 하나님이 도우십니다. 하나님이 채우십니다.

"무엇이든지 기도하고 구하는 것은 받은 줄로 믿으라. 그리하면 너희에게 그대로 되리라."(막 11:24)

하나님의 음성을 따라 사는 믿음과 삶이 중요합니다.

사탄은 공격하고 참소하며 의심을 불러일으킵니다. 하나님께서 원하시는 것은 완전한 믿음입니다. 하나님을 완전히 믿으십시오.

마귀의 말을 듣지 말고 하나님의 음성만 듣고 끝까지 가십시오. 하나님은 당신에게 한 언약을 반드시 이루어 주십니다.

항상 억만장자 마인드, 부요 믿음으로 사십시오.

하나님의 지혜가 내 안에 가득하다

다섯째, 그리스도 안에서 나는 천재입니다.

예수님께서 나의 어리석음을 짊어지고 죽으셨기 때문에 나는 지혜로운 사람이 되었습니다. 하나님은 천재 중에 천재이시며 그분의 자녀인 나도 하나님 아버지를 닮아 천재입니다.

나는 기억력, 집중력, 판단력, 통찰력, 암기력, 이해력, 거래

력, 저술력, 강연력, 둔감력 등 수천 가지 능력이 수천수만 배로 증가되었습니다. 나는 "이는 그가 모든 지혜와 총명을 우리에게 넘치게 하셨다"(엡 1:8)는 말씀을 완전히 믿습니다.

예전에 나는 나 자신이 어리석다고 생각했습니다. 그래서 항상 최하만 선택하며 밑바닥 인생을 살았습니다. 사람의 눈치를 보며 사람에게 질질 끌려 다니는 인생이었습니다.

그런 내게 성령님께서 찾아오셨습니다.

"여호와의 신 곧 지혜와 총명의 신이요 모략과 재능의 신이요 지식과 여호와를 경외하는 신이 그 위에 강림하시리니."(사 11:2)

복음 곧 내 안에 살아 계신 하나님을 알고 복음을 전해야겠다는 불타는 열정이 끓어 올랐습니다. 그래서 책을 쓰고 강연을 통해 계속 복음을 전하게 되었습니다. 하나님께 크게 쓰임 받아 수많은 영혼을 구원하겠다는 큰 꿈을 성령님께서 내게 주셨습니다.

"내가 내 영을 만민에게 부어 주리니 너희 자녀들이 장래 일을 말할 것이며 너희 늙은이는 꿈을 꾸며 너희 젊은이는 이상을 볼 것이며 그 때에 내가 또 내 영을 남종과 여종에게 부어 줄 것이며."(욜 2:28~29)

그러다 나는 생각했습니다.

'과연 이렇게 어마하고 황당한 꿈을 이룰 수 있을까? 너무 황당하지 않나? 어떡하지? 내가 가는 길이 맞는 건가?'

수많은 생각이 떠오르며 고민하게 되었습니다. 그러다 주일 예배 시간에 김열방 목사님께서 이런 이야기를 하셨습니다.

어떤 목사님이 자신은 지혜롭지 못한 것 같다. 성도들은 의사,

박사도 있고 똑똑한 수재들이 많은데 자신은 똑똑하지 못한 거 같다고 하셔서 목사님께서 이렇게 대답하셨다고 했습니다.

"목사님은 의사, 박사, 교수들과는 차원이 다른 영적인 지도자로 세워졌습니다. 잡다한 것을 전하려고 하지 말고 오직 하나님의 말씀을 전하세요. 목사님은 하나님이 기름 부은 영적인 천재입니다. 목사님 안에 하나님의 지혜가 가득합니다."

이 말씀이 내게 하시는 말씀으로 들렸습니다. 그리고 집으로 돌아와 성령님께 여쭈었더니 성령님께서 내게 말씀하셨습니다.

"너는 영적인 천재다. 네게 어울리는 일을 하면 사람들이 너를 존중할 것이다. 자존감을 높이고 항상 최고를 선택하라. 두려움과 부정적인 생각을 버려라."

그리고 예전에 목사님께 안수기도 받을 때 하신 말씀을 떠올려 주셨습니다. "내가 너에게 천재적인 지혜를 주었노라."

나는 성령님께 여쭈었습니다.

"현상적으론 아직 공부도 잘 못하고 기억도 잘 못하고 머리도 둔한 것 같은데요?"

그러자 성령님께서 말씀하셨습니다.

"너는 이제부터 너 자신을 향해 바보라고 생각하거나 말하지 말고 천재라고 생각하고 말하라. 다른 사람한테 해서는 안 될 말은 너 자신에게도 절대로 하지 마라."

그 뒤로 나는 생각과 말을 즉시 바꾸었습니다.

"나는 천재다. 천재적인 지혜가 내 안에 가득하다."

이렇게 믿고 말하며 자고 깨고 자고 깨고 하는 중에 천재적인 지혜가 폭발적으로 내게 나타나기 시작했습니다.

나는 2019년 새해 첫날에 다시 한번 주의 종의 길을 가겠다고 결심했습니다. 하나님의 말씀만 전하리라 결심했습니다. 수많은 영혼을 구원하리라 결심했습니다. 절대로 한 눈 팔지 않고 앞만 보고 가리라 결심했습니다. 최고로 가치 있는 삶, 영혼을 구원하는 일을 하자고 결심했습니다. 하나님이 나를 부르셨습니다.

"내가 달려갈 길과 주 예수께 받은 사명 곧 하나님의 은혜의 복음을 증언하는 일을 마치려 함에는 나의 생명조차 조금도 귀한 것으로 여기지 아니하노라."(행 20:24)

어떻게 하면 지혜로운 삶을 살 수 있을까요?

첫째, 성령님의 인도를 받아야 합니다.

성령님께서 시키는 대로 해야 합니다. 작은 일에 충성해야 합니다. 나도 한때는 '이렇게 살아도 되나? 비효율적이지 않나?'라고 생각한 적이 있습니다. 그러나 하나님의 나라는 효율을 따지는 게 아닙니다. 머리를 굴리며 효율을 따지면 혈통, 육정, 사람의 뜻에 얽히게 되고 삶이 엉망이 됩니다. 복음을 전하고 예배하기 위해 돈과 시간을 쓰는 것은 하나님이 보시기에 가장 효율적입니다. 당신도 하나님께서 지시하신 곳에서, 하나님이 지극히 작은 일을 맡기셨다면 그 일에 끝까지 충성하기 바랍니다. "무슨 일을 하든지 마음을 다하여 주께 하듯 하고 사람에게 하듯 하지 말라."(골 3:23) "항상 주의 일에 더욱 힘쓰는 자들이 되라. 이는 너희 수고가 주 안에서 헛되지 않은 줄을 앎이니라."(고전 15:58)

둘째, 성경 말씀을 부지런히 살피십시오.

성경은 하나님의 말씀입니다. 성경을 연구해야 합니다.

"그리스도의 말씀이 너희 속에 풍성히 거하여 모든 지혜로 피차 가르치며 권면하고 시와 찬송과 신령한 노래를 부르며 감사하는 마음으로 하나님을 찬양하고."(골 3:16)

하나님은 준비된 자를 쓰십니다. 말씀을 가진 자를 크게 쓰십니다. 성경 말씀을 부지런히 살피고 공부하기 바랍니다.

당신은 천재입니다. 천재적인 지혜가 가득합니다.

가장 가치 있는 영혼을 구원하는 복음 전도자의 삶을 살기 바랍니다. 지극히 작은 일에 충성하되 현실에 안주하지 마십시오.

당신의 미래 모습을 보며 성령님과 동업하십시오. 궁상떨지 말고 아낌없이 자기 계발에 투자하며 미래를 준비하기 바랍니다.

평강의 주님이 내 안에 살아 계신다

여섯째, 그리스도 안에서 나는 평강이 가득합니다.

예수님께서 나의 고통과 슬픔과 상처를 다 짊어지고 죽으셨기 때문에 나는 더 이상 고통 받거나 슬퍼하거나 상처받지 않습니다. 예수님께서 내 대신 징계를 받으셨기 때문에 나는 평화가 가득합니다. 그리스도 밖에서 징계에 대한 두려움이 있었지만 예수님께서 내 징계를 대신 다 받으셨기 때문에 나는 평화를 누리게 되었습니다. 더 이상 염려와 근심이 없습니다.

예수님께서 평강의 왕으로 내 안에 살아 숨 쉬고 계십니다.

"그는 실로 우리의 질고를 지고 우리의 슬픔을 당하였거늘 우리는 생각하기를 그는 징벌을 받아 하나님께 맞으며 고난을 당한다 하였노라. 그가 찔림은 우리의 허물을 인함이요 그가 상함은 우리의 죄악을 인함이라. 그가 징계를 받음으로 우리가 평화를 누리고 그가 채찍에 맞음으로 우리가 나음을 입었도다."(사 53:4~5)

"이는 한 아기가 우리에게 났고 한 아들을 우리에게 주신 바 되었는데 그의 어깨에는 정사를 메었고 그의 이름은 기묘자라, 모사라, 전능하신 하나님이라, 영존하시는 아버지라, 평강의 왕이라 할 것임이라."(사 9:6)

당신은 평강을 누리며 사십니까?

나는 날마다 평강을 누리며 행복을 만끽하며 삽니다.

내 안에 하나님의 초월적이고 초자연적인 평강이 가득합니다.

큰 평강이신 하나님께서 내 안에 한강처럼 가득히 계십니다.

하나님의 평강이 나의 생각과 마음을 날마다 지켜 주십니다.

사람은 평강이 없으면 못삽니다. 그래서 평강을 찾아 여기저기 돌아다닙니다. 평강은 밖에 있지 않고 당신 안에 있습니다.

"평강의 주께서 친히 때마다 일마다 너희에게 평강을 주시고 주께서 너희 모든 사람과 함께 하시기를 원하노라."(살후 3:16)

사람이 평강을 잃을 때는 언제일까요?

첫째, 주님을 바라보지 않을 때입니다.

주님보다 내 앞의 문제, 환경을 바라볼 때 평강이 깨집니다.

둘째, 기도하고 구한 것을 받았다고 믿지 않고 의심할 때, 주님께 맡기지 않고 내가 교만 떨며 염려할 때입니다. 염려는 자기가 주인 행세하며 교만 떠는 것입니다. 염려 대신 기도하십시오.

셋째, 남과 비교하며 미워할 때와 박해 받을 때입니다.

성령님과 함께 사는 사람은 행복하고 감사가 넘치고 그야말로 잘나가는 인생이 됩니다. 잘 나가면 시기와 질투를 받게 됩니다.

또 복음을 전하다 보면 핍박과 박해를 받게 됩니다.

그때 마음이 상할 수 있습니다.

잃어버린 평강을 다시 찾으려면 어떻게 해야 할까요?

첫째, 평생 징계 받지 않는다는 믿음을 가지십시오.

예수님께서 모든 저주와 징계를 다 가져가셨기 때문에 평화를 누리게 되었습니다. 이렇게 믿고 살아가십시오.

"나는 평안의 신발을 신고 있다."

"내 사전에 저주와 징계, 슬픔, 상처는 없다."

"내 안에 큰 평강이 가득하다."

둘째, 아무것도 염려하지 마십시오.

염려하는 생각은 1초도 하지 마십시오. 믿음의 기도를 하고 하나님께 완전히 맡기십시오. 구하는 것은 1~3번 정도만 하고 잊으십시오. 하나님께 맡기십시오. 그렇지 않고 자꾸 비는 기도를 하면 그 문제와 사람을 가슴에 떠올리며 품게 됩니다. 현상을 바라보게 됩니다. 눈을 뜨면 주님을 바라봐야지 현상과 사람과 문제를 바라보고 흔들리면 안 됩니다. 항상 믿음의 주요 또 온전케 하시는 예수 그리스도를 바라보십시오. 이것이 비결입니다.

"내가 항상 내 앞에 계신 주를 뵈었음이여, 나로 요동하지 않게

하기 위하여 그가 내 우편에 계시도다."(행 2:25)

셋째, 마음의 평화를 유지하기 위해 원수를 사랑하십시오.

복음을 전할 때 핍박이 오기도 하고, 말씀을 따라 살며 복을 받으면 사람들이 시기하고 질투합니다. 예수님께서도 복과 함께 박해가 온다고 하셨습니다. 복과 욕을 한 세트라고 여기십시오. 복에 비하면 욕은 티끌처럼 작은 것입니다. 욕하는 사람 또한 다 지나갑니다. 티끌처럼 작게 생각하십시오.

욕을 먹어도 모든 복을 받아 누리겠다고 결심하십시오.

"다 괜찮다. 그래도 나는 모든 복을 받아 누리겠다."

당신은 수치와 부끄러움을 당하지 않습니다.

"성경에 이르되 누구든지 저를 믿는 자는 부끄러움을 당하지 아니하리라."(롬 10:11)

원수가 있는 것을 이상하게 여기지 말고 당연한 것으로 받아들이고 한 명의 원수를, 사랑해야 할 사람이 한 명 더 생겼다고 여기십시오. 원수를 떠올리며 저주하지 말고 축복하기 바랍니다.

"너희 원수를 사랑하며 너희를 미워하는 자를 선대하며 너희를 저주하는 자를 위하여 축복하며 너희를 모욕하는 자를 위하여 기도하라."(눅 6:27~28) "너희를 박해하는 자를 축복하라. 축복하고 저주하지 말라."(롬 12:14)

당신은 저주의 통로가 아니라 축복의 통로임을 잊지 마십시오.

하나님께서 원수도 잘되고 당신도 잘되길 원하십니다. 한 명도 저주 받지 않고 모두 다 잘되는 것이 하나님의 뜻입니다.

좋으신 하나님께서 모든 것을 합력하여 선을 이루어 주십니다.

평강의 왕이신 주님이 당신 안에 가득히 계십니다. 모든 것을 하나님께 맡기고 하나님만 바라보며 행복하게 사십시오.

"너희에게 평강이 있을지어다."(눅 24:36)

나는 큰 생명, 새 생명, 영원한 생명을 가졌다

일곱째, 그리스도 안에서 나는 생명을 가졌습니다.

예수님께서 나의 죽음을 짊어지고 죽으셨기 때문에 나는 죽지 않고 영원히 삽니다. 나는 새 생명, 큰 생명, 영원한 생명을 가졌습니다. "예수께서 이르시되 나는 부활이요 생명이니 나를 믿는 자는 죽어도 살겠고 무릇 살아서 나를 믿는 자는 영원히 죽지 아니하리니 이것을 네가 믿느냐."(요 11:25~26)

나는 사도 바울처럼 신앙 고백을 합니다.

"예수님께서 십자가에서 나의 모든 죄와 저주를 짊어지고 죽으셨다. 부활하신 예수님이 지금 내 안에 실제로 살아 계신다. 그분을 믿는 믿음이 전부다. 예수님이 전부다."

나는 예수 그리스도의 십자가만 자랑합니다.

"내게는 우리 주 예수 그리스도의 십자가 외에 결코 자랑할 것이 없으니 그리스도로 말미암아 세상이 나를 대하여 십자가에 못 박히고 내가 또한 세상을 대하여 그러하니라."(갈 6:14)

"내가 너희 중에서 예수 그리스도와 그의 십자가에 못 박히신 것 외에는 아무것도 알지 아니하기로 작정하였음이라."(고전 2:2)

당신은 〈바울〉이라는 영화를 봤습니까?

나는 그 영화를 봤습니다. 누가가 감옥에 갇힌 바울을 찾아가 사도행전을 기록하는 내용입니다. 예수님을 만나기 전에 사울은 미친 멧돼지처럼 예수 믿는 사람을 핍박했는데 다메섹 도상에서 빛 되신 예수님을 만나고 고꾸라져 세상을 변화시킨 위대한 사도가 되었습니다. 바울은 예수님께 붙잡혀 예수님을 위해 살다가 죽음을 맞이했습니다. 영화의 여러 장면과 함께 다음의 성경 구절이 내 기억에 남았습니다.

"우리가 살아도 주를 위하여 살고 죽어도 주를 위하여 죽나니 그러므로 사나 죽으나 우리가 주의 것이로다."(롬 14:8)

바울은 복음을 전하며 여러 가지 어려움과 고난, 핍박을 받으며 이렇게 말했습니다. "완주할 수 있을까?"

영화의 마지막에 바울은 끝까지 믿음을 지키고 믿음의 경주를 끝내며 이렇게 고백했습니다. "내가 선한 싸움을 싸우고 나의 달려갈 길을 마치고 믿음을 지켰으니."(딤후 4:7)

나도 주님을 만나고 주님께 붙잡혔고 주님께 미쳤습니다.

나는 남은 인생 오직 복음만 전하리라 결심했습니다. 나는 기도했습니다. "복음을 잘 전하는 주의 종이 되고 싶습니다."

"내가 복음을 부끄러워하지 아니하노니 이 복음은 모든 믿는 자에게 구원을 주시는 하나님의 능력이 됨이라."(롬 1:16)

"형제들아, 나는 아직 내가 잡은 줄로 여기지 아니하고 오직 한 일 즉 뒤에 있는 것은 잊어버리고 앞에 있는 것을 잡으려고 푯대를 향하여 그리스도 예수 안에서 하나님이 위에서 부르신 부름의

상을 위하여 달려가노라."(빌 3:13~14)

나도 복음을 누리고 전하면서 여러 가지 어려움과 문제에 부딪힐 때 그런 생각을 했습니다. '과연 끝까지 갈 수 있을까?'

그러나 영화 바울을 보며 생각했습니다.

'내가 당한 고난은 바울이 당한 고난에 비하면 새발에 피도 안 된다. 예수님께서 십자가에서 당한 고통에 비하면 티끌도 안 된다. 바울이 살던 시대에 안 태어난 것이 천만다행이다. 지금 세상에 태어난 것이 억만 번이나 감사하다.'

어쨌든 바울의 삶이 내게 큰 감동을 주었습니다.

"살아도 주를 위해, 죽어도 주를 위해."

성령님과 함께 세계 전도를 꿈꾸라

당신도 나처럼 천국을 누리고 전하며 살 수 있습니다.

어떻게 하면 될까요?

첫째, 지금 당장 예수님을 믿으십시오.

나를 따라 이렇게 말하십시오.

"예수님을 나의 구주로 믿습니다. 아멘."

이렇게 믿고 입술로 고백한 당신은 구원 받았습니다. 축하합니다. 당신도 죄를 사함 받아 성령으로 거듭나 하나님의 자녀가 되었고 천국 시민이 되었습니다. 의인이 되었습니다.

둘째, 천국만 믿고 말하십시오.

의성건부지평생의 천국만 믿고 말하십시오.

긍정, 믿음, 천국의 말만 하십시오. 그러면 긍정, 믿음, 천국이 쾅쾅 박혀 천국 같은 인생이 펼쳐집니다.

셋째, 지옥의 속성은 절대로 믿거나 말하지 마십시오.

저주, 슬픔, 고통, 상처를 말하면 저주가 쾅쾅 박혀서 헤어 나올 수가 없습니다. 예수님께서 저주를 다 가져가셨으니 절대로 저주를 믿거나 말하지 마십시오.

넷째, 성령님을 존중히 모시며 교제하십시오.

성령님만 하루 종일 바라보고 성령님께 마음을 두면 항상 행복합니다. 그러나 당신이 한 눈 팔고 마음을 딴 곳에 두거나 당신 밖의 일이나 사람을 성령님보다 더 크게 여기면 마음이 뚝 떨어져 힘들어집니다. 다시 성령님을 바라보십시오.

다섯째, 영혼 구원을 위해 전도하십시오.

지옥은 단 한명도 가면 안 되는 억만 배나 고통스러운 곳입니다. 그래서 전도해야 합니다. 성령님도 전도하기 위해 오셨습니다. 당신도 나처럼 복음을 담은 책을 쓰고 모든 때에 모든 방법으로 전도하십시오. 전도는 하나님이 가장 기뻐하시는 일입니다.

"온 천하에 다니며 만민에게 복음을 전파하라."(막 16:15)

당신이 원하는 것을 쉽게 얻는 비결

당신은 원하는 것을 쉽게 얻는 비결을 아십니까?

나는 지금까지 원하는 것을 많이 얻었습니다. 책을 여러 권 써서 작가의 길을 가고 있고, 출판사 사장이 되어 책을 만들어 팔고, 자산을 사들여 자산가의 길을 가고 있으며, 그 모든 것을 통해 복음을 전하는 행복한 복음 전도자의 삶을 살고 있습니다.

이런 과정을 거치며 깨달은 것이 있다면 나의 행복 더 나아가 복음을 전하기 위해서는 많은 돈이 있어야 한다는 것입니다. 꿈과 소원을 이루기 위해 많은 돈이 필요합니다. 돈이 많으면 꿈과 소원을 빨리 이룰 수 있고 복음을 전하기가 쉽습니다. 또한 사람과 돈에 얽매이지 않고 자유롭게 복음을 전할 수 있습니다.

나는 수많은 꿈과 소원을 이루기 위해 여러 가지 돈 문제를 해결해야 했는데 오직 나의 공급자이신 하나님만 의지했습니다. 하나님께서는 필요한 때에 필요한 돈과 필요한 사람을 다 보내 주셨습니다. 하나님은 1초도 늦지 않고 정확히 채워 주셨습니다.

며칠 전에 교회 카페 게시판에 〈상처받지 않는 비결〉이란 공동저자 새 책의 표지 사진을 목사님께서 올리셨습니다.

나는 성령님께 말씀드렸습니다.

"성령님, 이번 새 책에 참여할까요?"

아무 말씀이 없으시기에 이번에는 아닌가 보다 했습니다. 그런데 다음날 목사님께서 공동저자에 참여하라고 하셨습니다. 성령님께서도 "그냥 해"라고 하셨습니다. 그리고 주일 예배 시간에 김열방 목사님께서 하신 말씀이 순간 내 마음에 떠올랐습니다.

"믿음으로 계약하고 결과는 주님께 맡겨라. 믿음으로 부탁하고 결과는 주님께 맡겨라."

나는 성령님이 말씀하시면 묻거나 따지지 않고 바로 순종해야 한다는 것을 압니다. 돈 문제보다 성령님의 음성이 큽니다. 나는 '성령님께서 내게 또 복을 주시려나 봐'라고 기대하며 성령님께 말씀드렸습니다. "성령님, 억만 번이나 감사합니다."

성령님은 항상 내게 복을 주시려고 이런 저런 일을 시키십니다. 그러면 나는 감사하고 행복한 마음으로 즐겨 순종합니다.

나는 성령님의 음성에 순종하여 일단 믿음으로 계약을 했습니다. 그리고 잔금도 구했습니다. 그리고 성령님께 여쭈었습니다.

"성령님, 어떻게 할까요?"

성령님께서 말씀하셨습니다.

"네가 구한 것을 이미 주었다. 찾아보면 있다."

나는 어떻게 순종해야 할지 생각했습니다. 구하고 찾고 두드렸습니다. 성령님께서 사람을 떠올려 주시며 부탁하라고 하셨습니다. 막상 부탁하려고 하니 마음에 부담이 되었습니다.

"성령님, 조금 부담이 되는데요."

그러자 성령님께서 말씀하셨습니다.

"그 사람은 나의 공급 파이프 중 하나다. 내가 사람을 통해 주는 거야. 부담 갖지 마라."

성령님께서 지혜를 주셔서 잘 말씀드리니 부탁을 들어주셨습니다. 또 기적이 일어났습니다. 성령님께서 말씀하셨습니다.

"너는 억만장자다. 평생 돈 걱정 없이 살게 되었다."

나는 성령님의 인도하심으로 부요 믿음으로 살고 있습니다.

날마다 자급자족하며 다른 사람에게 도움을 주고 구제하는 위치에 있게 되었습니다. 억만장자의 부가 나타나게 되었습니다.

당신도 나처럼 원하는 것을 얻으려면 어떻게 해야 할까요?

첫째, 하나님께 무엇이든 구하십시오.

둘째, 받았다고 믿고 감사함으로 기다리십시오.

셋째, 성령님을 의지하여 찾고 두드리십시오. 성령님께서 부탁하라고 하면 부탁하십시오. 성령님의 음성에 순종하고 결과는 주님께 맡기십시오. 그러면 원하는 것을 얻을 수 있습니다.

믿음으로 계약하고 결과는 주님께 맡기십시오.

믿음으로 부탁하고 결과는 주님께 맡기십시오.

믿음으로 전도하고 결과는 주님께 맡기십시오.

아무것도 부담 갖지 마십시오. 부담을 가지면 아무것도 못하고 원하는 것을 얻을 수 없습니다. 모든 일을 믿음으로 순종하고 결과는 주님께 맡기십시오. 주님께서 다 맡아서 해결해 주십니다.

하나님이 원하시는 것은 당신의 믿음과 순종입니다.

당신도 믿음과 순종으로 책을 출간하기 바랍니다.

한 눈 팔지 말고 주의 종의 길을 가라

당신은 하나님의 부르심에 한눈 판 적이 없습니까?

예전에 나는 하나님의 부르심에 한눈 판 적이 있습니다.

나는 하나님께 크게 쓰임 받기를 원했고 성경에 기록된 하나님께 크게 쓰임 받은 인물이나 믿음의 선배들을 보며 기도했습니다.

"하나님, 저도 하나님께 귀하게 쓰임 받고 크게 쓰임 받는 주의 종이 되길 원합니다."

하나님께서 내게 말씀하셨습니다.

"내가 너를 크게 사용하리라."

나는 기도하고 구한 것은 받았다고 믿었습니다. 하나님의 일은 내가 하는 것이 아니기에 전능하신 하나님께 다 맡기고 하나님만 바라보며 행복하게 살면 됩니다. 성령님께서 내게 수많은 영혼을 구원하는 꿈을 훅 하고 불어넣어 주셨습니다. 나는 믿음의 꿈, 곧 이미 이루어졌다는 꿈을 꿉니다. 꿈을 태어나게 하시고 꿈을 이루어 주시는 분은 성령님이십니다. 성령님께서 말씀하셨습니다.

"너는 나의 꿈이다. 너를 통해 나의 능력을 나타내 보이겠다."

전능하신 하나님께는 능치 못할 것이 없습니다. "그런즉 원하는 자로 말미암음도 아니요 달음박질하는 자로 말미암음도 아니요 오직 긍휼히 여기시는 하나님으로 말미암음이니라."(롬 9:16~17)

나는 성령님의 음성에 내 인생 전부를 걸기로 결심했습니다.

어느 날 예전 직장에 다닐 때 알고 지내던 사람에게 연락이 왔습니다. 회사에서 사람을 새로 뽑으니 지원해 보라고 했습니다. 급여도 전보다 두 배나 많아지고 근무 환경도 좋아졌다는 것입니다. 나는 순간 솔깃했습니다. 그리고 성령님께 물었습니다.

"성령님, 어떻게 할까요?"

성령님께서 말씀하셨습니다.

"한 눈 팔지 마라. 너와 상관없다. 신경 꺼."

나는 순간 정신을 차리고 "아멘" 했습니다.

"쉬어도 다 채워 줄게. 지금 너의 자리를 지키고 충성하라. 내가 너를 지명하여 불렀으니 끝까지 책임지겠다. 걱정하지 마라."

성령님의 음성을 들으니 든든했습니다.

나는 하나님의 부르심에 절대 한 눈 팔지 않기로 결심했습니다. 하나님의 음성이 크지 돈 문제는 티끌처럼 작습니다.

하나님은 하루만에도 큰 복을 주십니다.

우리는 사도 바울처럼 믿음을 지켜야 합니다.

"내가 달려갈 길과 주 예수께 받은 사명 곧 하나님의 은혜의 복음을 증언하는 일을 마치려 함에는 나의 생명조차 조금도 귀한 것으로 여기지 아니하노라."(행 20:24)

하나님께 크게 쓰임 받으려면 어떻게 해야 할까요?

첫째, 절대 한 눈 팔지 마십시오. 뒤를 돌아보지 말고 앞만 보고 가십시오. "예수께서 이르시되 손에 쟁기를 잡고 뒤를 돌아보는 자는 하나님의 나라에 합당치 아니하니라 하시니라."(눅 9:62)

사도 바울은 하나님의 부르심만 바라보며 달려갔습니다.

둘째, 크신 하나님의 음성만 믿고 따라가십시오.

작은 문제, 크신 주님입니다. 모든 문제는 하나님께 티끌처럼 작습니다. 하나님께서 손가락 까닥하시면 하루만에도 다 해결됩니다. 하나님이 지시하신 곳에서 자기 자리를 지키고 맡겨진 일에 충성하십시오. 엉뚱한 길로 빠지지 마십시오.

"무화과나무를 지키는 자는 그 과실을 먹고 자기 주인을 시종하는 자는 영화를 얻느니라."(잠 27:18)

셋째, 기도하고 구한 것은 받았다고 믿으십시오.

한번 기도했으면 받았다고 믿고 하나님께 다 맡기십시오. 당신이 하는 것이 아니라 하나님께서 다 하십니다.

"무엇이든지 기도하고 구하는 것은 받은 줄로 믿으라. 그리하면 너희에게 그대로 되리라."(막 11:24)

하나님의 음성을 가장 크게 여기십시오.

오직 크신 하나님의 은혜에 자신을 맡기고 행복하게 사십시오.

하나님이 지금도 당신의 길을 인도하고 계십니다.

"사람이 마음으로 자기의 길을 계획할지라도 그의 걸음을 인도하시는 이는 여호와시니라."(잠 16:9)

사람의 말을 듣지 말고 하나님의 음성만 듣고 가라

당신은 행복한 예배를 드립니까?

나는 행복한 예배를 드립니다. 나는 잠실에 위치한 서울목자교회에 다니고 있습니다. 처음 예수님을 영접하고 동네 교회에 다니고 있었습니다. 그러다 성령님의 인도하심으로 교회를 옮기게 되었습니다. 성령님께서 김열방 목사님의 책을 통해 나에게 말씀하셨습니다. "너는 본토, 친척, 아비 집을 떠나 내가 지시하는 곳으로 가라. 서울목자교회에서 예배하라."

나는 그 말씀에 순종했고 성령님께서 서울목자교회에서 예배할 수 있도록 인도해 주셨습니다. 하나님께서 세우신 온전한 복음을 전하는 정말 행복하고 좋은 교회에 다닐 수 있도록 인도해 주신 성령님께 억만 번이나 감사합니다. 또한 온전한 복음의 귀한 말씀을 전해 주시는 믿음의 아비 김열방 목사님과 믿음의 어미 김사라 사모님께도 억만 번이나 감사합니다. "그리스도 안에서 일만 스승이 있으되 아버지는 많지 아니하니 그리스도 예수 안에서 내가 복음으로써 너희를 낳았음이라."(고전 4:15)

성령님께서 얼마나 나를 사랑하셨으면 온전한 복음을 전하는 귀한 교회에서 예배하며 설교 말씀을 듣게 하시는지 내게는 큰 기쁨이고 행복입니다. 주일 예배 시간이 기다려지고 설렙니다.

성령님께서 말씀하셨습니다.

"너를 위한 교회다. 너에게 복을 주기 위해서다. 서울목자교회를 통해 네가 아브라함처럼 큰 복을 받아라."

나는 믿음의 기도를 했습니다.

"주님, 저도 아브라함처럼 믿음의 조상, 복의 근원으로 살게 해 주세요. 다 이루어졌음, 감사합니다."

지금껏 살면서 깨달은 것이 있다면 성령님의 음성을 가장 크게 여기고 성령님의 음성을 따라 살면 혼란이 없고 흔들리지 않는다는 것입니다. 사람의 말을 들으면 혼란이 오고 흔들립니다.

만왕의 왕이시고 전능하신 성령님의 음성을 크게 여기지 않고 사람의 말, 귀신의 잡소리를 크게 여기면 침체가 오고 낙심이 되고 혼란이 옵니다. 당신은 지금 어떤 소리에 귀를 기울입니까?

오직 성령님의 음성에만 귀를 기울이고 순종하십시오.

"너희는 귀를 기울이고 내게로 나아와 들으라. 그리하면 너희의 영혼이 살리라."(사 55:3)

이 땅에서 천국의 행복을 누리는 비결

당신은 이 땅에서 천국의 행복을 누리고 있습니까?

나는 날마다 천국의 행복을 누리며 살고 있습니다. 과연 어떻게 하면 천국의 행복을 누리며 살 수 있을까요?

첫째, 축복 의식으로 사십시오.

저주 의식을 받아들이지 마십시오. 사탄의 거짓말에 속지 말고 명령하여 내 쫓으십시오. 두려워하는 마음은 사탄이 주는 것입니다. 하나님이 주시는 마음은 능력과 사랑과 근신하는 마음입니다.

당신 안에 성령님이 실제로 살아 계십니다. 그것도 조금이 아닌 한강처럼 가득히 계십니다. 그러므로 성령을 따라 사십시오.

둘째, 성령님의 음성을 가장 크게 여기십시오.

주위 잡소리에 민감하면 침체가 옵니다. 하지만 성령님의 음성을 가장 크게 여기고 그분의 음성만 듣고 가면 혼란이 없습니다.

셋째, 성령님의 음성을 따라 사는 믿음과 삶이 중요합니다.

업적은 하루만에도 하나님이 다 이루어 주십니다. 성령님을 사랑하십시오. 성령님과 함께 모든 일을 하며, 성령님과 마음을 나누고, 성령님을 완전히 믿고 의지하십시오. 관계에서 가장 중요한 것은 '믿음'입니다. 믿음을 잃으면 다 잃은 것입니다.

하나님은 아브라함에게 완전한 믿음을 가지라고 하셨습니다.

"나는 전능한 하나님이라. 너는 내 앞에서 행하여 완전하라." (창 17:1) 이 말씀은 "율법적으로 완벽하라"는 말이 아닙니다. "완전한 믿음을 가지라"는 뜻입니다. 성령님을 완전히 믿으시기 바랍니다. 온전한 사람은 하나님의 음성만 듣고 가는 사람입니다.

하나님의 음성만 듣고 가십시오.

원망하지 말고 억만 번이나 감사하라

당신은 억만 번이나 감사합니까?

나는 억만 번이나 감사합니다. 나는 결단했습니다.

"내 평생 하나님께 억만 번이나 감사와 영광을 돌리자."

성령님께서 내가 계속 책을 쓸 수 있도록 복을 주셨고 또 신학대학도 졸업하게 하셨습니다. 모두 하나님의 은혜입니다.

신학대학 공부할 때는 현상적으로 여러 가지 문제가 내 앞을 가로막고 있었습니다. 마치 내가 신학대학 공부하는 것을 방해라도 하듯이 말입니다. 그래도 나는 신학 공부를 하라는 성령님의 음성을 놓치지 않았습니다. 그때는 힘들어서 공부를 빨리 끝내야 될 것 같다는 생각밖에 없었습니다. 공부를 빨리 끝내면 다 해결될 것 같았습니다. 문제를 모두 주님의 손에 맡기고 공부를 시작했습니다. 성령님께서 나를 붙들어주시고 도와주셨기 때문에 무사히 졸업하게 되었습니다. 성령님께 억만 번이나 감사합니다. 성령님께서 잘했다고 칭찬하시며 졸업 선물도 챙겨 주셨습니다.

나는 하나님의 말씀을 더 배우고 공부하고 싶습니다.

하나님의 말씀은 꿀보다 더 달고 재밌습니다.

하나님의 말씀을 공부하는 것이 정말 재밌고 신납니다.

"주의 말씀의 맛이 내게 어찌 그리 단지요. 내 입에 꿀보다 더 하니이다. 주의 법도로 인하여 내가 명철케 되었으므로 모든 거짓 행위를 미워하나이다. 주의 말씀은 내 발에 등이요 내 길에 빛이니이다."(시 119:103~105)

나도 김열방 목사님처럼 '영혼의 디자이너'가 되어 하나님의 말씀으로 영혼을 구원하고 그들이 천국의 행복을 누리며 살 수 있게 도와주길 원합니다. 캐더린 쿨만 여사처럼 신유 집회도 열어 치유 사역을 하길 원합니다. 하나님이 내게 말씀하셨습니다.

"네가 나의 종이 되어 야곱의 지파들을 일으키며 이스라엘 중에 보전된 자를 돌아오게 할 것은 오히려 경한 일이라. 내가 또 너로 이방의 빛을 삼아 나의 구원을 베풀어서 땅 끝까지 이르게 하리라."(사 49:6)

나는 기도했습니다.

"성령님, 제가 주님의 깨끗한 통로가 되어 저를 통해 주님께서 영광 받으시길 원합니다. 치유 사역도 하게 하시고 복음의 말씀도 전하게 하시고 큰 부를 주셔서 복음을 전하는데 마음껏 사용하게 해주세요. 주님의 뜻대로 저를 인도해 주세요."

큰 꿈을 주신 분도 성령님이시고 그 꿈을 이루시는 분도 성령님이십니다. 예수님께서 하셨던 말씀이 떠오릅니다. "나를 따라오라. 내가 너희를 사람을 낚는 어부가 되게 하리라."(마 4:19)

이번 주일 설교 말씀이 "억만 번 감사하라"였습니다.

어떻게 하면 억만 번이나 감사할 수 있을까요?

첫째, 믿음의 조상이나 앞서간 믿음의 선배들을 보며 감사하라고 하셨습니다. 믿음의 조상이나 선배들이 있기에 깨달음을 쉽게 얻고 본받고 따라 하므로 나도 그와 같은 복된 삶을 살 수 있기 때문이라고 하셨습니다. 성령님께서 내게 말씀하셨습니다.

"너를 위해 준비해 둔 사람들이야."

둘째, 원수가 있어도 감사하라고 하셨습니다.

성경에도 원수가 나옵니다. 하나님과 예수님의 원수는 사탄이고 바울을 괴롭힌 원수는 유대인들이었습니다. 사람들이 힘들어하는 이유는 원수를 인정하지 않으려고 하기 때문입니다.

원수를 인정하고 받아들이십시오. 하나님 안에서라면 괜찮습니다. 원래 잘나가면 핍박을 받습니다. 처음 책을 쓰고 강연하고 빌딩, 차, 집을 살 때 사람들이 들고 일어납니다. 욕을 먹더라도 복을 받아 누려야 합니다. 큰 복, 작은 핍박, 작은 스트레스입니다.

셋째, 하나님께 억만 번 감사하라고 하셨습니다.

억만 번은 '무한대, 끝도 없이'입니다. 왜일까요? 하나님께서 내게 억만 번이나 은혜를 베푸셨기 때문입니다. 매일 하나님의 은혜를 생각하면 감탄하고 감격하고 감사하게 됩니다. 내게 일어난 모든 일에 대해 억만 번이나 감사하게 됩니다. 억만 번 감사한다는 것은 불평, 불만, 원망하지 않는다는 것입니다.

하나님께서는 당신의 원망하는 말을 들으시면 아주 싫어하십니다. 또한 주의 종이 말하면 원망하지 말아야 합니다. 불평하고 원망하지 않으면 자기 자리를 지키게 되지만 불평하고 원망하면 자기 자리를 떠나게 됩니다.

하나님께서 당신에게 큰 복을 주기를 간절히 원하십니다. 대신 조건이 있습니다. 절대로 불평, 불만, 원망하는 말을 하지 않아야 한다는 것입니다. 하나님은 그런 부정적인 말을 아주 싫어하십니다. 하나님은 당신이 어떤 환경에서도 변함없이 하나님을 경외하는지 지켜보십니다. 불평과 원망 대신 감사하십시오.

예수님께서 당신 대신 십자가에 매달려 죄와 저주를 짊어지고 죽으셨습니다. 당신은 예수님을 믿음으로 말미암아 저주에서 구원받아 풍성한 '의성건부지평생'을 얻게 되었습니다.

당신은 주님의 풍성한 사랑을 받고 있습니다.

"오직 나는 주의 풍성한 사랑을 힘입어 주의 집에 들어가 주를 경외함으로 성전을 향하여 예배하리이다."(시 5:7)

은혜의 방패로 하나님께서 당신을 지켜 주시며 다 잘되게 하십니다. 그러므로 어떤 환난과 핍박이 오더라도 감사하십시오.

"주께 피하는 모든 사람은 다 기뻐하며 주의 보호로 말미암아 영원히 기뻐 외치고 주의 이름을 사랑하는 자들은 주를 즐거워하리이다. 여호와여, 주는 의인에게 복을 주시고 방패로 함같이 은혜로 그를 호위하시리이다."(시 5:11~12)

모든 것이 하나님의 은혜입니다. 하나님께서는 지금까지 그분의 은혜로 당신을 지켜 주고 도와주고 성공하게 하셨습니다. "우리가 다 그의 충만한 데서 받으니 은혜 위에 은혜러라."(요 1:16)

하나님께 억만 번이나 감사하십시오. "내가 전심으로 여호와께 감사하오며 주의 모든 기사를 전하리이다."(시 9:1)

가족 구원을 위해 기도하면 응답받는다

당신은 가족의 구원을 위해 기도합니까?

나는 가족과 친척의 구원을 위해 하나님께 기도했습니다.

"하나님, 남편과 시댁 식구들, 친척과 지인들을 모두 구원해 주세요. 그들이 다 예수 믿고 천국에 갔음. 감사합니다."

지옥은 예수님께서 받았던 수욕을 영원히 받아야 하는 곳입니다. 죽지 않고 계속 억만 번이나 큰 고통을 받아야 하는 곳입니다. 단 한 사람도 가면 안 되는 곳이기 때문에 전도해야 합니다.

사도 바울은 외쳤습니다. "주 예수를 믿으라. 그리하면 너와 네 집이 구원을 얻으리라."(행 16:31)

나는 전도에 대해서도 한번 기도하고 구한 것은 받았다고 믿고 하나님께 다 맡겼습니다. 그리고 어떻게 전도할까 생각했습니다.

그런데 성탄절 전날 밤에 남편하고 딸과 함께 자려고 누워서 이런저런 얘기를 하다가 갑자기 성령님께서 내 마음에 감동을 주셨습니다. 나는 '지금이 아니면 안 된다. 믿음으로 전도하고 결과는 주님께 맡기자'라고 생각하고 남편에게 바로 얘기했습니다.

"나 한 가지 소원이 있는데 꼭 들어줘."

남편이 고개를 끄덕였습니다.

"내가 하는 말을 따라 하고 아멘 하면 돼. 나는 예수님을 구주로 믿습니다. 아멘."

남편이 거부하지 않고 바로 따라 말했습니다.

"나는 예수님을 구주로 믿습니다. 아멘."

나는 너무 기뻐 춤을 췄습니다. "주님 감사합니다"라고 소리쳤습니다. 남편 말로는 군대 있을 때 초코파이를 먹으려고 군부대에 있는 교회에 몇 번 나갔다고 했습니다. 그때 교회에서 불렀던 〈실로암〉이라는 복음 성가를 지금까지 기억하며 집에서 가끔 부르곤 했습니다. 어쨌든 남편을 구원해 주신 주님께 너무나 감사했습니다. 정말 말로 표현할 수 없을 정도로 너무 감사하고 기뻤습니다. 다음날 성탄 감사 예배에 참석했는데 김열방 목사님께서 설교 말씀 중에 이렇게 말씀하셨습니다.

"하나님께서 우리 교회를 너무 사랑하고 좋아하십니다. 한 사람, 한 사람, 다 사랑하십니다."

주님께서 내게 잘했다고 칭찬하시는 것 같았습니다. 그날 성탄 감사 예배 시간에 말씀을 통해 주신 깨달음을 나누고자 합니다.

그 날 설교 제목이 "평강의 왕이 내 안에 계신다"였습니다.

"이는 한 아기가 우리에게 났고 한 아들을 우리에게 주신 바 되었는데 그의 어깨에는 정사를 메었고 그의 이름은 기묘자라, 모사라, 전능하신 하나님이라, 영존하시는 아버지라, 평강의 왕이라 할 것임이라."(사 9:6)

평강의 왕이신 예수님께서 당신 안에 살아 계십니다.

모든 사건, 사람, 일을 초월하는 큰 평강이 당신 안에 가득합니다. 당신 밖에서 일어나는 사건, 사람의 일이 당신 안으로 밀려들어오지 못합니다. 인생에 소중한 것은 평강입니다. 평강이 없으면 뼈가 썩어 들어갑니다. 아무것도 없어도 평강이 있으면 다 가진 것입니다. 평강이 가득한 삶을 살려면 어떻게 해야 할까요?

첫째, 1초도 염려하는 생각을 하지 마십시오.

진짜 쉬는 것은 생각을 안 하는 것입니다. 염려하는 생각을 안 하는 것입니다. 모두 다 주님께 맡기는 것입니다. 내가 머리를 굴리며 이런 저런 생각을 하려고 하면 주님은 내게 말씀하십니다.

"넌 가만히 있어. 내가 알아서 할게."

둘째, 기도와 간구로 하나님께 아뢰는 것입니다.

간구는 하나님께 마음을 쏟아 놓는 것입니다. 하나님께 고민을 다 털어 놓으십시오. 그러면 모든 염려가 하나님께로 옮겨지며 그 순간부터 하나님께서 책임지십니다. "아무 것도 염려하지 말고 오직 모든 일에 기도와 간구로, 너희 구할 것을 감사함으로 하나님께 아뢰라. 그리하면 모든 지각에 뛰어난 하나님의 평강이 그리스도 예수 안에서 너희 마음과 생각을 지키시리라."(빌 4:6~7)

꿈과 소원을 가져야 기회를 잡을 수 있다

당신은 어떤 꿈과 소원이 있습니까?

나는 여러 가지 꿈과 소원이 있습니다. 성령님께서 내게 수많은 꿈과 소원을 주셨고 그 꿈과 소원을 많이 이루어 주셨습니다.

꿈은 큰 것이고 소원은 작은 것으로 개인적인 것입니다.

나는 여러 가지 큰 꿈과 갖고 싶은 것, 입고 싶은 옷, 살고 싶은 집, 배우고 싶은 것 등을 종류별로 적었습니다. 며칠 전에 나의 소원이 기적적으로 이루어진 이야기를 나누려 합니다.

나는 작년에 노트북이 하나 더 생겼으면 하는 소원이 있었습니다. 지금 사용하는 노트북은 크기가 커서 휴대하기가 불편하기 때문입니다. 휴대하기 좋은 얇고 가벼운 나만의 노트북이 필요했습니다. 그래서 소원 노트에 적어 놓았습니다.

"얇고 가벼운 최신 노트북 샀음. 감사합니다."

그리고 1년이 지났습니다. 나는 노트북에 대한 소원을 잊고 있었습니다. 그런데 며칠 전에 남편이 퇴근하고 와서 식사하며 말했습니다. 지인이 최신 노트북을 시중 가격보다 저렴하게 팔고 있는데 살 거냐고 하기에 안 산다고 했더니 그냥 선물로 준다고 했답니다. 그래서 남편이 부담이 되서 안 받겠다고 했더니 그럼 아내 주라고 했다는 겁니다. 나는 그 말을 듣고 예전에 소원 노트에 적었던 것을 기억하며 마음속으로 하나님께 감사했습니다.

"와, 하나님. 감사합니다."

나는 남편에게 바로 대답했습니다.

"그 노트북 꼭 필요해. 내가 정말 원하던 거야."

나는 기뻐 뛰었습니다. 하나님께서 내 소원을 잊지 않고 다른 사람을 통해 선물로 안겨 주신 것입니다. 내 소원을 이루어 주신 성령님께 억만 번 감사합니다. 그리고 또 다른 기도 응답도 많습니다. 예전에 나는 입고 싶은 옷도 여러 가지 적었습니다. 코트 안에 입을 기모로 된 티나 남방을 원해서 노트에 적었습니다.

"기모로 된 티와 남방 샀음. 밝은 색상으로 샀음. 감사합니다."

며칠 후에 남편이 아울렛에 가자고 했습니다. 필요한 게 있으면 사라고 했습니다. 순간 나는 살게 없다고 생각했는데 잠시 뒤에 성령님께서 내 소원을 떠올려 주시며 기억나게 하셨습니다.

그래서 나는 필요한 것이 있다고 말하고 원하던 옷을 사게 되었습니다. 만약에 소원이 없었다면 옷을 살 수 있는 기회가 왔을 때 놓쳤을 텐데 소원이 있었고 내가 원하는 것을 정확히 알았기 때문에 기회가 왔을 때 꽉 잡을 수 있었던 것입니다.

하나님께서 수많은 기회를 주셔도 당신에게 소원이 없으면 부담이 되어 기회를 놓치게 되지만 소원이 있으면 기회가 왔을 때 알아차리고 꽉 잡을 수 있습니다. 그러니 평소에 꿈과 소원을 120가지 이상 구체적으로 적어 놓으십시오. 그러면 하나님께서 당신에게 무엇을 주시든지 놓치지 않고 다 받아 누릴 수 있습니다.

"나는 너를 애굽 땅에서 인도하여 낸 여호와 네 하나님이니 네 입을 넓게 열라. 내가 채우리라 하였으나……."(시 81:10)

예수님께서 저주뿐만 아니라 꿈과 기도 응답에 대한 대가도 다 지불했으니 당신은 단지 기도하고 믿기만 하면 됩니다.

첫째, 꿈과 소원 목록을 120가지 이상 적어 보십시오.

꿈과 소원을 가지면 하나님께서 무엇을 주시든지 받을 수 있도록 당신의 마음과 생각의 그릇을 넓히게 됩니다. 만약 당신에게 꿈과 소원이 없는데 하나님께서 일방적으로 주시면 부담이 될 수도 있고 무관심하여 기회가 와도 놓칠 수 있습니다. 꿈과 소원이 있어야 하나님이 주시는 기회가 왔을 때 꽉 잡을 수 있습니다.

둘째, 구한 것은 받았다고 믿고 감사의 기도만 하십시오.

"무엇이든지 기도하고 구하는 것은 받은 줄로 믿으라. 그리하면 너희에게 그대로 되리라."(막 11:24)

셋째, 하나님은 하나님의 때에 하나님의 방법으로 정확하게 이루어 주십니다. 하나님의 공급 파이프는 75억 개입니다. "여호와를 기뻐하라. 저가 네 마음의 소원을 이루어 주신다."(시 37:4)

꿈과 소원을 120가지 이상 적어 보십시오. 당신이 원하는 것을 알아야 정확히 그것을 얻게 됩니다. 무엇이든지 기도하고 구한 것은 받았다고 믿고 감사하며 행복하게 살기 바랍니다.

인생은 꿈대로 소원대로 다 이루어집니다.

상처받지 않는 비결

초판 1쇄 인쇄 | 2019년 2월 25일
초판 1쇄 발행 | 2019년 2월 28일

지은이 | 김열방 김사라 국순희 노재인 이은영

발행인 | 김사라
발행처 | 날개미디어
등록일 | 2005년 6월 9일, 제2005-44호
주소 | 서울특별시 송파구 백제고분로9길 6(잠실동, A동 3층)
전화 | 02)416-7869
메일 | wgec21@daum.net

ISBN : 978-89-91752-72-6 03230

책값 20,000원